Vita Taube

Personiskās identitātes slēpšanas paņēmieni virtuālajā telpā

AF138601

Vita Taube

Personiskās identitātes slēpšanas paņēmieni virtuālajā telpā

GlobeEdit

Impressum / Imprint

Bibliografische Information der Deutschen Nationalbibliothek: Die Deutsche Nationalbibliothek verzeichnet diese Publikation in der Deutschen Nationalbibliografie; detaillierte bibliografische Daten sind im Internet über http://dnb.d-nb.de abrufbar.

Alle in diesem Buch genannten Marken und Produktnamen unterliegen warenzeichen-, marken- oder patentrechtlichem Schutz bzw. sind Warenzeichen oder eingetragene Warenzeichen der jeweiligen Inhaber. Die Wiedergabe von Marken, Produktnamen, Gebrauchsnamen, Handelsnamen, Warenbezeichnungen u.s.w. in diesem Werk berechtigt auch ohne besondere Kennzeichnung nicht zu der Annahme, dass solche Namen im Sinne der Warenzeichen- und Markenschutzgesetzgebung als frei zu betrachten wären und daher von jedermann benutzt werden dürften.

Bibliographic information published by the Deutsche Nationalbibliothek: The Deutsche Nationalbibliothek lists this publication in the Deutsche Nationalbibliografie; detailed bibliographic data are available in the Internet at http://dnb.d-nb.de.

Any brand names and product names mentioned in this book are subject to trademark, brand or patent protection and are trademarks or registered trademarks of their respective holders. The use of brand names, product names, common names, trade names, product descriptions etc. even without a particular marking in this works is in no way to be construed to mean that such names may be regarded as unrestricted in respect of trademark and brand protection legislation and could thus be used by anyone.

Coverbild / Cover image: www.ingimage.com

Verlag / Publisher:
GlobeEdit
ist ein Imprint der / is a trademark of
OmniScriptum GmbH & Co. KG
Heinrich-Böcking-Str. 6-8, 66121 Saarbrücken, Deutschland / Germany
Email: info@globeedit.com

Herstellung: siehe letzte Seite /
Printed at: see last page
ISBN: 978-3-639-80409-6

Saturs

1

Ievads

Mana bakalaura darba tēmas izvēle saistīta ar problēmas aktualitāti mūsdienās. Patērētāju un informācijas laikmetā nav iedomājama dzīve bez interneta. Tas tika izgudrots militārām vajadzībām, bet šobrīd to lieto ne tikai darba vai mācību vajadzībām, bet arī virtuālajai komunikācijai. Gribētu piekrist Staņislavam Lemam, kurš apgalvo, ka dzīvojam tehnorevolūcijas paātrinājuma laikmetā[1], jo viss kļūst modernizēts, digitalizēts un mehanizēts.

Cilvēki kļūst atkarīgi no jauninājumiem, turklāt internets ietekmē mūsu savstarpējās attiecības, nodarbinātību, veselību un finanses.

Datori un internets ir salīdzinoši jauna parādība, tādēļ vairums no mūsu vecākiem un vecvecākiem nemaz nezina kā to lietot, savukārt datora lietotāju skaits bērnu un jauniešu vidū strauji pieaug. Tieši tādēļ pētījumā vairāk pievērsīšos bērnu un jauniešu grupai.

Šī pētījuma mērķis ir izprast iemeslus, kādēļ cilvēks vēlas slēpt savu patieso identitāti un kā tieši viņš to dara virtuālajā vidē.

Lai šo mērķi sasniegtu, esmu izvirzījusi sev vairākus uzdevumus. Galvenokārt vēlos izmantot personisko pieredzi virtuālajā komunikācijā, lai varētu izdarīt savus secinājumus, ne tikai ņemt vērā speciālistu un psihologu viedokli. Tādēļ no 2008. gada 6.septembra esmu reģistrējusies vairākos Latvijas socializēšanās portālos (www.kisa.lv; www.oho.lv; www.boomtime.lv; www.faces.eu; www.super.lv), ko tikai nosacīti var dēvēt par Latvijas portāliem, jo tajos ir reģistrējušies dažādu tautību cilvēki no daudzām pasaules valstīm. Šo astoņu mēnešu laikā esmu intensīvi komunicējusi ar virtuālajiem paziņām, lai censtos izprast kā viņu teiktais atšķiras no formāli norādītās profila informācijas. Šī lielā eksperimenta laikā tomēr netikos ar iepazītajiem cilvēkiem, paliekot tikai pie virtuālās komunikācijas.

Šoreiz savā pētījumā nerunāšu par izteiktiem seksuāla rakstura socializācijas portāliem, jo tur ir atsevišķa problemātika. Protams, arī tajos tiek izmantoti vairāki

---

[1] Staņislavs, Lems. *Summa technologiae*. Rīga: Zinātne, 1987, 35. lpp.

2

identitātes slēpšanas paņēmieni kā, piemēram, viltus fotogrāfijas, nepatiess vecums un anonimitāte, bet ir arī specifiskas lietas, ko nevar attiecināt uz visiem socializēšanās portāliem.

Otrs uzdevums, ko biju sev izvirzījusi, arī tika izpildīts. Notika anonīma anketēšana 2009. gada martā. Jau iepriekš nosauktajos socializēšanās portālos esošajiem cilvēkiem (pēc nejaušības principa) izsūtīju anketas, kur lūdzu atbildēt uz 10 jautājumiem saistībā ar virtuālo komunikāciju (anketa darba 1. pielikumā). Atbildes saņēmu no 63 respondentiem. No atbildēm neveidošu nekādas socioloģiskas rezultātu tabulas, bet šo respondentu atbildes palīdzēs pamatot manu viedokli un parādīt arī viedokļu atšķirības. Tā kā savāktās anketas ir anonīmas, esmu tās sanumurējusi, attiecīgi no 1 līdz 63. Atsauces veidošu, atzīmējot anketas numuru un segvārdu, ko respondents norādījis savā atbildē.

Kā trešo nozīmīgāko izvirzīto uzdevumu, kas palīdzētu pamatot manu viedokli par virtuālo komunikāciju, vēlos norādīt anonīmu sarunu ar IRC jeb čata (Internet Relay Chat) piekritēju, kas ar to nodarbojas jau četrus gadus.

Rakstot darbu izvēlējos dažāda veida avotus un literatūru – vārdnīcas, grāmatas par virtuālo pasauli un identitāti, rakstus laikrakstos un žurnālos, kur uzsvērta kādas problēmas aktualitāte, kā arī izmantoju atsevišķus rakstus, ko atradu interneta vietnēs.

Raksturojot darbu pie šīs tēmas, noteikti vēlos uzsvērt, ka bija jūtams literatūras trūkums tieši latviešu valodā. Daudz literatūras, un vairāk nekā iespējams apstrādāt, strādājot pie bakalaura darba, bija tieši par internetu un tā tehniski tehnoloģiskiem aspektiem, kas piemērota lasītājam ar nopietnu iepriekšējo tehnisko zināšanu bāzi.

Latvijā nav plašu pētījumu par virtuālo komunikāciju, bet ir atsevišķi raksti, publikācijas, kas norāda uz konkrētām, saasinātām problēmām, piemēram, agresiju internetā, atkarību no interneta vai pedofīlu aktivitātēm virtuālajā vidē. Toties angļu valodā ir pieejamas ļoti daudz publikācijas par virtuālo realitāti, kiberseksu, identitātes problēmām u.c. aktualitātēm. Izlasot kādu rakstu, tas veda atkal pie nākamā. Tas radīja vislielākās grūtības, jo daudz laika paņēma grāmatu lasīšana, kas bija pārsvarā ļoti vienveidīgas un grūti bija sakatīt kaut kādas novitātes pētnieku pateiktajā.

Visvairāk izmantoju psihologu Deivida Grīnfilda (David Greenfield) un Kimberlijas Jangas (Kimberly Young) pētījumus, jo viņi ir padziļināti pētījuši virtuālās komunikācijas dažādos aspektus.

Darbs ir strukturēts tā, lai aptvertu pēc iespējas lielāku problēmu loku, kas attiecas uz virtuālajām attiecībām starp indivīdiem, šoreiz izslēdzot no izpētes loka tādas parādības, kā virtuālās spēles un mācību simulācijas internetā. Sākotnēji ir jāsaprot ar ko tad atšķiras virtuālā realitāte no īstenības, tikai pēc tam var analizēt virtuālo komunikāciju.

Pētījums ir sadalīts vairākās daļās:

1.daļā vairāk tiks runāts par to, kas tad īsti ir virtuālā realitāte.

2.daļa būs veltīta virtuālās komunikācijas problemātikai.

3.daļā savukārt būs izkaidrots tas, ko mēs saprotam ar jēdzienu *identitāte* un kādi tās veidi vispār ir sastopami. Nobeigumā nonāksim pie secinājuma ar kādiem paņēmieniem tiek slēpta identitāte virtuālajā vidē un kādēļ ir nepieciešams to darīt.

1.Virtuālā realitāte.

Virtuālā realitāte ir tāds fenomens, kura skaidrošanā psihologu un pētnieku starpā nevalda vienprātība. Mēs saprotam, ka tā ir ar tehniskiem līdzekļiem uz jebkāda pamata veidota pasaule, kas tiek nodota cilvēkiem caur viņa maņām: caur redzi, dzirdi, smaržu un tausti. Pazīstami ir arī tādi virtuālās realitātes sinonīmi kā elektroniskā realitāte vai realitātes datormodelis. Tieši šis otrais skaidrojums ir izplatītāks, jo cilvēkiem jēdziens asociējas ar datorlīdzekļu lietošanu. Psihologi jau ir noskaidrojuši, ka cilvēka psihe spējīga atspoguļot ne tikai objektīvo realitāti, bet arī *jebkuru* citu realitāti. Cilvēka psihe ar sava prāta un apziņas palīdzību var papildināt, pilnveidot virtuālās pasaules nepilnību līdz pilnvērtīgas realitātes līmenim

Virtuālās realitātes specifika ir saistīta ar neiropsiholingvistisko bloku jeb saprotamāk var teikt, ka tā ir saistīta ar smadzenēm-runasspējām-kultūru-mākslīgo intelektu.[2] Šo pieeju skaidro semiotiķis, etnologs *profesors* Jurijs Lotmans.

Svešvārdu vārdnīcā ir teikts, ka *virtuālā realitāte* ir "reālas situācijas imitācija ar datorlīdzekļu palīdzību"[3]. Savukārt vārdam *virtuāls* ir cits skaidrojums, kurā nekas nav teikts, ka obligāti jālieto datorlīdzekļus. Virtuāls ir kaut kas varbūtējs un iespējams.[4] Īstenības šķietamība tiek noteikta attiecībā pret to nosakošo pamatrealitāti. Virtuālās realitātes var būt integrētas viena otrā. Noslēdzot, izbeidzot vai pārtraucot modelējošos procesus, kas notiek pamatrealitātē, virtuālā realitāte pazūd.

Šajā kontekstā cilvēka iekšējo pasauli var uzskatīt par virtuālo realitāti, ko modelē cilvēka bioloģiskie un elektroķīmiskie procesi.

---

[2] Шапиро, Давид Исаакович. *Человек и виртуальный мир : Когнитив., креатив. и прикладные проблемы.* М.: Эдиториал УРСС, 1999, 22 см.
[3] *Svešvārdu vārdnīca.* Jura Baldunčika redakcijā. Rīga: Jumava, 1999, 831. lpp.
[4] Turpat, 831. lpp.

Virtuālā realitāte man saistās ar Sokrata labi zināmo stāstu par cilvēkiem alās[5], kas redz tikai priekšmetu ēnas, nevis priekšmetus un šīs ēnas uzskata par reālākām, nekā īstos priekšmetus.

Latvijas Universitātes Sociālo zinātņu fakultātes profesore Baiba Sporāne piedāvā savu virtuālās realitātes dalījumu[6] divās lielās grupās - atkarībā no tā vai tiek lietotas datortehnoloģijas vai netiek. Tālāk virtuālo realitāti, kur nav izmantotas jaunākās tehnoloģijas var iedalīt - literatūra, spēles un narkotikas, bet ar jauno tehnoloģiju izmantojumu – datorspēlēs, ziņu grupās un čatos. Kā piemēru varu minēt mūsdienās visiem labi zināmās grāmatas, kas attēlo virtuālo realitāti – Luisa Kerola "Alisa brīnumzemē", Dž.Roulingas "Harijs Poters" un daudzas citas ko apzīmējam kā *zinātnisko fantastiku.*

Zinot visu iepriekš minēto, vai virtuālā realitāte nevar būt arī sapnis, teātris, kino? Arī tā ir šķietamība, kaut kas iespējams, bet tajā pašā laikā nereāls. Man ienāca prātā kāda filma, kas jauniešiem šobrīd ir kulta filmas statusā. Tā ir režisoru Endija Vačovska (Andy Wachowski) un Larija Vačovska (Larry Wachowski) filma "Matrix". Kinofilma pati par sevi ir ilūzija, nevis realitāte, bet šī konkrētā filma spilgti attēlo virtuālo pasauli.

Mums tiek piedāvāta arī iespēja iejusties virtuālā tūrista lomā un apceļot pasauli, kā arī iepazīt savas sapņu zemes ar *virtuālo tūristu gidu* palīdzību. Virtuālā realitāte ļauj mums ceļot pa neeksistējošām trīsdimensiju telpām.

Ar peles vai videokameras palīdzību, datoru var pārvērst par saprātīgu būtni, ar kuru iespējams veidot dialogu. Šīs jaunās tehnoloģijas piedāvā izbaudīt to, kas citkārt dažādu apstākļu dēļ vispār nebūtu iespējams. Ir skaidrs, ka šīs iespējas nesniegs tādas pašas sajūtas kā realitātē piedzīvotais, tomēr sniegs šķietamību, ka sajūtas ir īstas. Tehnoloģijas iet uz priekšu un tās spēj ietvert arvien vairāk izjūtu, kas tuvinās realitātei. Virtuālajā pasaulē iespējams viss. To pierāda japāņu zinātnieku izgudrojums –

[5] Platons. *Valsts.* Rīga: Zvaigzne ABC, 2001, 130. lpp.
[6] Sporāne, Baiba. *Informācijas sabiedrības teorijas aspekti : materiāli studijām.* Rīga : Latvijas Universitāte, 2002, 130. lpp.

6

simulators, kas imitē dzeršanu caur salmiņu[7], radot tādas pašas izjūtas kā dzerot realitātē. Tomēr tāda realitāte, kas radīs ticamu ilūziju par daudzām fiziskām sajūtām vienlaikus, būs ne ātrāk kā pēc 30 – 50 gadiem, jo notiek tikai un vienīgi pakāpeniska virtuālās pasaules ienākšana realitātē. Cilvēkiem ir bail no nezināmā un Eiropas kultūras vēl nav gatavas tik strauji digitalizēties kā tas notiek Austrumos un Amerikā. Eiropieši ciena savas nacionālās vērtības un izmanto nepieciešamās tehnoloģijas nevis tehnikas brīnumus, kā tas ir, piemēram, Japānā.

Virtuālās realitātes klātbūtne ir manāma visapkārt, jo arī realitātei ir vairāki slāņi, ko bieži vien mēs pat nesaskatam. Reti kurš aizdomājas, ka katras telpas punkts ir piesārņots ar lielu daudzumu neredzamas informācijas, kas kļūst par robežu, kur virtuālā un reālā pasaule sāk aizvien vairāk saskarties, un tas notiek kodētā pasaulē[8].

Strādājot pie sava bakalaura darba, nereti uzdevu jautājumus uz kuriem nebija tik viegli rast atbildes. Vai datora displejs jau ir virtuālā realitāte? Vai internets neatklāj cilvēkam jaunu pasauli? Vai virtuālai pasaulei ir saistība ar spēli? Es vairāk sliecos domāt, ka ne tikai datora displejs paver jaunu pasauli un realitāti, bet tas notiek jau krietni ātrāk, respektīvi, mūsu galvās. Mums jau iepriekš jāspēj pieņemt to, ko redzam vai iedomājamies. Piemēram, lasot grāmatu mēs tik ļoti iegrimstam savā iedomu pasaulē, ka aizmirstam kas notiek apkārt. Cilvēki lasa vienu un to pašu stāstu, bet galvā katram norisinās darbība *individuālajā pasaulītē*, kas nesakrīt ne tikai ar grāmatas autora izdomāto versiju, bet arī ar citu lasītāju fantāzijas attīstību. Tā ir katram sava šķietamā jeb virtuālā realitāte, bet iespējams jau hiperrealitāte.

Aleksandrs Bards savā darbā "Netokrātija" cenšas sniegt hiperrealitātes skaidrojumu. Viņš uzskata, ka cilvēki dod priekšroku fikcijai nevis realitātei, jo pirmā sniedz daudz

[7] Виртуальное питьё: невидимые напитки упираются, направляясь в рот. [Skatīts 2009, 29. apr.] Pieejams: http://www.membrana.ru/articles/inventions/2005/05/04/205500.html
[8] Garančs, Jānis. Radošie projekti, izmantojot virtuālo realitāti un internetu. Helēna Demakova (sast.) *Sarunas V.* Rīga: Jaunā akadēmija, 2004, 271. lpp.

plašāku izvēli, kad jāveido sociālā identitāte. Šajā gadījumā realitāte kļūst par arvien pakļautāku hiperrealitāts daļu, tāpat kā daba kļūst par arvien pakļautāku kultūras daļu.[9]

Savukārt franču filozofs Žans Bodrijārs (Jean Baudrillard) uzsata, ka simulāciju hiperrealitāte nozīmē ļaušanos attēlu valdzinājumam, nevaicājot pēc to izcelsmes pamatojuma.[10]

Vēl atgriežoties pie virtuālās/ šķietamās pasaules ienākšanas mūsu dzīvē, atcerējos par 1971.gada amerikāņu reportāžu sēriju, kas stāsta par Laudu ģimeni.* [11]

Šis ir stāsts par sava veida realitātes un hiperrealitātes estētikas vēsmām, viltota precizitāte, distancēšanās un vienlaikus palielinājums.

Virtuālo realitāti bieži skaidro kā kaut ko līdzīgā kvalitātē kā realitāte, jo tā sniedz līdzīgas izjūtas. Pārliecinošu sajūtu kopuma radīšanai īpašību un reakciju datorsintēzei virtuālajā realitātē jānotiek *reāllaikā*, tas nozīmē, ka pat tad, ja notiekošais un acīmredzamais nav īsts, tas notiek konkrētajā brīdī realitātē. Datorzinātņu profesors Juris Uzulāns atgādina, ka virtuālā telpā ir ierobežots laiks, tādēļ nevar tajā atrasties visu laiku.[12] Spēli var uzsākt vēlreiz, bet kādreiz tā jābeidz un jāatgriežas reālajā situācijā.

Šim pašam autoram ir pilnīgi skaidrs redzējums kas tad ir virtuālā realitāte un viņš nepieder pie tiem pētniekiem, kas pieļauj versiju, ka virtualitāte var nebūt saistīta ar datoriem un citām tehnoloģijām. Minēšu būtiskākos nosacījumus, lai varētu iegrimt virtuālajā pasaulē. Viņaprāt, pirmais ar ko saista virtuālo realitāti ir *Hamlet-Mounted Display*. Bet tas attiecas tikai uz vienu maņu orgānu – redzi. Otrais maņu orgāns, ko visbiežāk izmanto virtuālo spēļu fani ir dzirde, bet trešais ir tauste, jo tam ir paredzētas

---

[9] Bards, Aleksandrs; Jāns Sēderkvists. *Netokrātija*. Rīga: Jumava, 2005, 157. lpp.
[10] Bodrijārs, Žans. *Simulakri un simulācija*. Rīga: Omnia mea, 2000, 146. lpp.
*Laudu ģimeni 7 mēnešu garumā nepārtraukti filmēja, tas viss notika bez iepriekš sagatavota scenārija. Vienas ģimenes odiseja, traģēdijas, prieki bez pārtraukuma. Ģimene filmēšanas laikā izjuka. Vai televīzija ir atbildīga? Vai tas būtu noticis, ja televīzija nebūtu klāt? Režisors triunfējot apgalvoja, ka viņi dzīvoja tā itkā *mūsu* tur nebūtu. Absurds un paradoksāls formulējums, jo, protams, filmēšanas grupa atradās tajā vietā, bet nav iespējams uzzināt vai ģimene visu laiku bija patiesa, kā arī skatītāji pie televīzijas ekrāniem nevar domāt, ka viņi tur bija, jo patiesībā viņi ierauga tikai to, ko viņiem parāda un tā ne vienmēr ir tā pareizākā interpretācija.
[11] Turpat, 31. lpp.
[12] Uzulāns, Juris. Dators un spēle.Virtuālā realitāte. *Datortehnika*. Nr. 3, 1996, 11. lpp.

speciālas pozicionēšanas iekārtas, tādas kā   kursorsvira, pele, speciāli cimdi. Eksperimentālos vai ļoti dārgos risinājumos izmanto arī ožu.[13]

Nedaudz pievēršoties datorspēļu pasaulei, tajā lietotājam ir iespēja iedarboties uz virtuālās realitātes objektiem. Turklāt virtuālās realitātes objektiem jāpiemīt tādām pašām īpašībām kā šiem objektiem materiālajā realitātē. Virtuālajās pasaulēs ir realizēta fizika, kas ir līdzīga reālajai (gravitācija, ūdens īpašības, sadursmes ar priekšmetiem), taču nereti izklaides nolūkos lietotājiem ir iespējams vairāk nekā reālajā dzīvē, piem., lidot, radīt jebkādus priekšmetus. Tas nozīmē, ka cilvēki tajā var realizēt savas fantāzijas un iegūt to, kas realitātē nav iespējams.

Viens no projektiem, kur mēģināts sapludināt virtualitāti un realitāti ir *Nybble Engine* *[14], tas ilustrē digitālās vides pēdas reālā telpā.

Kādēļ cilvēki spēlē šīs spēles un iesaistās šajos projektos? Daļēji uz to atbild pētniece Lisa Nakamura, kas ir pārliecināta par to, ka *Kibertelpa* ir vieta, kur piepildās visas vēlmes un tur ir daudz vairāk patiesības neka *čata* vietnēs.[15] Es viņai pilnībā piekrītu, jo datorspēlēs katrs nosaka savu darbību, kas ietekmē rezultātu. Šķietamajā pasaulē viss ir tieši tā, kā tam jābūt. Toties *čata* vietnēs, socializēšanās portālos nevar uzticēties sniegtai informācijai, jo to ir grūti pārbaudīt. Katrs var but tāds kā vēlas. Ja datorspēlē mēs skaidri zinam, *ka nošaujot briesmoni, tas vairs necelsies*. Tad čata vietnēs mēs nevaram zināt, kas patiesībā slēpjas aiz pateiktajiem vārdiem.

---

[13] Uzulāns, Juris. Dators un spēle.Virtuālā realitāte. *Datortehnika*. Nr. 3, 1996, 10. lpp.

* Cilvēki spēlē datorspēli, viens otram dzenas pakaļ reālajā telpā, šauj. Bet citi cilvēki var pieslēgties internetā un ietekmēt to, kas notiek izstāžu zālē. Dators reģistrē ātrumu, soļus un ievada tos datu bāzē. Tajā spēlē ir arī dīvains veidojums, kas atgādina skaņu čemurus vai koraļļus; tas attaino statiskos parametrus, ko cilvēki ir atstājuši ar savu darbību spēlē. Spēles laikā aptuveni 30 minūtēs aparāts izaudzē skulptūriņu – tā paliek kā suvenīrs.

[14] Garančs, Jānis. Radošie projekti, izmantojot virtuālo realitāti un internetu. Helēna Demakova (sast.) *Sarunas V*. Rīga: Jaunā akadēmija, 2004, 269. lpp.

[15] Nakamura, Lisa. *Cybertypes: Race, Ethnicity and Identity on the Internet*. New York: RoutLedge, 2002, 32. lpp.

* Galds, kura apakšā atrodas spēcīgu magnētu sistēma, kas tiek vadīta ar datoru. Cilvēkam uz rokas ir uzsprausti gredzeni, un tad, kad roku kustina pāri galdam, roka tiek tricināta un vadīta.

Vēlos pieminēt vēl kādu projektu, *Nanoscape*[16], kur realitāte saplūst ar virtualitāti, tomēr ietekmē tādu cilvēka maņu kā tausti.

Profesores Baibas Sporānes uzskats ir pretējs*[17] vienam no populārākajiem postmodernisma teorētiķiem Žanam Bodrijāram, kuram viss liekas kā šķietamība un arī realitāti vairs nevar uztvert par īstenību. Manuprāt, viens no spilgtākajiem piemēriem bija par Disnejlendu. Tur Disnejlenda ir dota kā iedomātais, lai liktu noticēt, ka pārējais ir reāls, kaut gan visa Losandželosa un visa tai apkārt esošā Amerika vairs nav reālas, bet jau pārgājušas citās kategorijās – tās ir hiperreālas un simulācijas. Bodrijārs to neuztver kā realitātes aplamu atveidojumu, bet gan par slēpšanu, ka reālais vairs nav reālais, ka jāglābj realitātes princips.[18]

Uzmanība virtuālajā pasaulē ir vienīgā cietā valūta. Kad izveidojusies informācijas pārprodukcija, uzmanība kļūst par deficītu.

Ja cilvēks vēlas izbaudīt virtuālās realitātes efektu, pilnībā ir *jāiegrimst* tajā.[19] Cilvēkam jāpakļaujas noteiktās vides prasībām. Ja kāds spēj saglabāt brīvību nepakļauties, bet vērot notiekošo itkā no malas, tad netiks sasniegtas vēlamās izjūtas. Informācijas sabiedrībā esošās virtuālās subkultūras ir viens no veidiem kā atrast savu sociālo identitāti, tās aizstāj feodālisma ciema kopienas un kapitālisma nacionālās kopienas.[20]

Virtuālā telpa ļauj veikt simulācijas, kas līdzinās reālajām darbībām. Piemēram, šādos simulatoros apmāca pilotus vadīt lidmašīnu un ārstus veikt sarežģītas operācijas.

---

[16] Garančs, Jānis. Radošie projekti, izmantojot virtuālo realitāti un internetu. Helēna Demakova (sast.) *Sarunas V*. Rīga: Jaunā akadēmija, 2004, 271. lpp.
* Tajā brīdī, kad cilvēks atrodas virtuālajā realitātē, viņš arī dzīvo, un tātad šķietamā realitāte nemaz nav šķietama.
[17] Sporāne, Baiba. *Informācijas sabiedrības teorijas aspekti* : materiāli studijām. Rīga : Latvijas Universitāte, 2002, 130. lpp.
[18] Bodrijārs, Žans. *Simulakri un simulācija*. Rīga: Omnia mea, 2000, 17. lpp.
[19] Sporāne, Baiba. *Informācijas sabiedrības teorijas aspekti* : materiāli studijām. Rīga : Latvijas Universitāte, 2002, 130. lpp.
[20] Bards, Aleksandrs; Jāns Sēderkvists. *Netokrātija*. Rīga: Jumava, 2005, 115. lpp.

Virtuālā realitāte ir īpaša ar to, ka tajā viegli ir izlabot kļūdas, bet realitātē, tas bieži vien nav iespējams.

Sava bakalaura darba ietvaros pievērsīšos tieši virtuālajai komunikācijai socializēšanās portālos, jo citi virtualitātes fenomeni kā datorspēles, mācību simulatori un citi, ko vēl neesmu nosaukusi, ir atsevišķas izpētes vērti un nav analizējami šī darba ietvaros.

2.Virtuālā komunikācija

Virtuālās realitātes pirmais solis varētu būt zīmējumi uz alu sienām, lai parādītu, kas notiek medībās un ikdienas dzīvē.[21] Tā bija metode, kas paredzēta komunikācijas idejai. Noderīgi fakti par notikušo un notikumi starp cilvēkiem. Katrs, kas redzēja zīmējumus, tos interpretēja pa savam. Kā sava veida saruna – viens pastāsta notikumus, cits uztver informāciju. Turklāt senie cilvēki visu, ko redzēja, uztvēra kā patiesību. Ja uz sienas bija uzzīmēta roka, viņi patiešām domāja, ka tā *ir roka*. Diemžēl, ir pagājuši tie laiki, kad saziņai un jūtu pauzšanai izmantoja vēstules, atklātnītes, zīmējumus un sasmaržotus mutautiņus. Katrs no tiem pauda vārdiem neizteiktu vēstījumu. Mūsdienu steidzīgajā pasaulē neatliek laika, lai uzrakstītu vēstuli uz papīra un nosūtītu pa pastu. Iepazīšanos zaļumballēs un kafejnīcās ir apsteigusi *modernāka* metode – socializēšanās iepazīšanās portālos un *čatu* vietnēs. Vēlētos citēt kādas interneta lietotājas skaidrojumu, kādēļ viņai patīk komunicēt iepazīšanās portālos, jo, manuprāt, tas raksturo izplatītāko iemeslu, kādēļ virtuālā komunikācija ir ieguvusi tādu popularitāti. *Lola86* atklāti atzīstas, kas viņu piesaista virtuālajā saskarsmē: "Tā ir ērta un ātra – kā lielveikalā – apskati piedāvājumu un izvēlies sev tīkamāko[22]."

Komunikācija internetā kļuvusi par savdabīgu izklaidi. Savdabīgu tādēļ, ka tā sāk aizvietot komunikāciju realitātē un arī komunikācijas veids mainās. Persona var apdomāt ko teikt, ko darīt un kā izskatīties citu acīs. Reālajā saskarsmē varam dzirdēt ne tikai cilvēka teikto, bet arī novērot ķermeņa valodu, kas var pauzt pretējas izjūtas pateiktajam. Tomēr atšķirībā no materiālās pasaules sociālās attīstības, kur kārtība ir reglamentēta gan ar likumiem, gan ar sabiedrībā pieņemtām normām, interneta vidē, kur nav neviens, kas regulētu kaut kādu kārtību, eksistē gandrīz absolūta anarhija. Liela

---

[21] Sherman, William R.; Alan B.Craig. *Understanding Virtual Reality: Interface, Application, and Design*. San Francisco, CA: Morgan Kaufmann Publishers, 2003, p. 5.
[22] Lola86, 63. anketa. 2009. gada 12. martā.

nozīme, veidojot priekšstatu par sarunas biedru tīklā, piemīt stereotipu un identifikācijas mehānismam, kā arī noskaņošanās uz iespējamo partnera īpašību gaidīšanu.

Lai arī nav nekādi konkrēti rakstīti likumi, kas sakārtotu komunikāciju virtuālajā vidē, pastāv nerakstītas normas un katra cilvēka ētikas principi. Estere Daisone ir autore vienai no pirmajām monogrāfijām, kas veltīta internetam. Viņa piedāvā galvenos noteikumus, kas jāievēro, darbojoties internetā: "Saglabā galvu uz pleciem; atver savu dvēseli; uzticies, bet pārbaudi; dod ieguldījumu tajā sabiedrībā, ko mīli vai radi savu sabiedrību; novērtē savas tiesības un cieni citu tiesības, neiesaisties muļķīgos strīdos; uzdod jautājumus; kļūsti par informācijas nesēju; esi dāsns; nezaudē humora izjūtu; radi vienmēr jaunas kļūdas (neatkārto vecās)"[23].

Etiķeti internetā dažkārt dēvē arī par *netiķeti*. Tai ir nozīmīga maksimāla elastība un augsti attīstīta sociāla inteliģence. Pie ētikas principiem virtuālajā telpā pieder arī tādi, par ko mēs ļoti reti vai vispār neaizdomājamies. Piemēram, jāņem vērā, ka internetu daudzi cilvēki lieto darbam un mācībām, tāpēc nav pieklājīgi pārslogot to, lādējot filmas un citus failus dienas laikā, jo tas palēnina internetu.[24] Diemžēl ne visi šo etiķeti ievēro.

Dažkārt internetu salīdzina ar citiem medijiem, bet ir vairākas būtiskas atšķirības. Internets no laikrakstiem, televīzijas un radio atšķiras ar to, ka komunikācija notiek vairākos virzienos. Interneta lietotājs veido tīkla saturu. Visām žurnālistu publicētajām ziņām interneta lietotājs uzreiz var rakstīt savu komentāru, skaļi paust savu nostāju kādā jautājumā. Arī šo komentāru citi lietotāji var komentēt, tādejādi primārā ziņa apaug ar vairākiem slāņiem. Tāpat notiek arī socializēšanās portālos. Dalībniekiem ir iespēja rakstīt ziņas, sludinājumus, dienasgrāmatas, tāpat arī vērtēt fotogrāfijas. Visas šīs darbības ietekmē portāla saturu, bet pēc satura spriež arī par dalībniekiem. Šādu portālu lietotāju piederība noteiktām sociālajām grupām arī būtu izpētes cienīga pozīcija. Tomēr liela daļa no dažādu portālu apmeklētājiem ir cilvēki, kuri tādu vai citādu iemeslu dēļ ar

[23] Каптерев, Андрей Игоревич. *Информатизация социокультурного пространства*. Москва : Фаир-пресс, 2004, 270 см.
[24] Lambert, Steve; Walt Howe. *Internet Basics: your Online Access to the Global Electronics Superhighway.* New York: Random House, 1993, p. 306.

to nodarbojas darba laikā. Nosacīti interneta lietotājus es varētu iedalīt šādās grupās – tie, kuriem internets kā vaļasprieks; interneta svētdienas lietotāji; IRC(*Internet Relay Chat*) vergi; biroja darbinieki.

Tos interneta lietotājus, kam tas ir kā vaļasprieks es raksturotu, kā bezmērķīgus sērfotājus globālajā tīmeklī. Viņi ceļo no lapas uz lapu, bet neko konkrētu nemeklē, vienkārši bauda procesu.

Interneta svētdienas lietotāji mierīgi var iztikt bez komunikācijas internetā, to dara tikai nepieciešamības spiesti.

IRC vergi var stundām ilgi sarunāties dažādās čata vietnēs. Viņu primārais mērķis, brīvajā laikā, ir tikt pie interneta, lai *pačatotu*.

Biroja darbinieki noteikti ir arī citās manis pieminētajās grupās, bet es vēlos šo grupu izdalīt arī atsevišķi, jo pēdējā laikā šī problēma ir aktivizējusies. Biroja darbinieki vairumā gadījumu ir spiesti darīt vienmuļu un garlaicīgu darbu, tādēļ viņi darbam paredzētās stundas cenšas īsināt un dažādot. Darba laikā tiek izmantotas visas no interneta piedāvātajām iespējām – mūzikas un video failu ielāde, pornogrāfiska rakstura saitu apmeklējums, dažādi socializēšanās portāli un čata vietnes.Šis ir gadījums, kad virtuālā komunikācija nav kā pašmērķis, bet laika īsināšana.

Ja salīdzinam dzīvi ar teātri, tad dzīve internetā līdzinās teātrim bez režisora. Internetā par rampu kļūst monitora ekrāns, bet masku – tīkla vārds, aiz kura jūtamies drošībā.[25] Virtuālā iepazīšanās var krietni atšķirties no reālās, jo slēpjoties aiz monitora ekrāna, neviens neredz ko mēs patiesībā domājam, klabinot klaviatūras taustiņus. Iespējams brīdī, kad uzliekam virtuālo smaidiņu, patiesībā mūsu seju rotā ironisks smīniņš. Pateicoties mobilitātei un lielajam interešu spektram, draudzība, kas dibināta uz tuvām un ciešām attiecībam nav efektīva. Cilvēki attīsta spējas veidot attiecības uz interešu pamata. Interneta vidē ir iespējams iegūt ļoti daudz paziņu, kuriem pat vārdus grūti atcerēties. Dažreiz mani nomoka jautājums: kā kāds var kļūt par tuvu draugu

[25] Каптерев, Андрей Игоревич. *Информатизация социокультурного пространства*. Москва : Фаир-пресс, 2004, 271 см.

kādam, kas iespējams neeksistē? Pat tad, ja mēs zinām, ka šī persona ir mūsu iedomātais ideāls, mēs nevaram kļūt par tuviem draugiem, jo šo personu nepazīstam, pat ja mums liekas, ka pazīstam.[26]

Socializēšanās portālus biežāk jāuztver kā izklaidi, jo tajos sniegtajai informācijai ne vienmēr vajadzētu uzticēties. Piemēram, iepazīšanās portālā www.foto-chat.lv ir daudzi viltus profili, tur var *iepazīties* ar slaveno aktieri Bredu Pitu, lai gan tur viņa foto rotā cits vārds un uzvārds. Tur ir iespēja sarakstīties ar īsziņām, bet profila informāciju apskatīties interneta vietnē. Šim saitam ir izteikti komerciāls nolūks, jo katra īsziņa, ko nosūti vai saņem savā mobilajā telefonā, izmaksā latu un piecdesmit santīmus. Ar šo piemēru vēlējos paskaidrot, ka viens no virtuālās komunikācijas mīnusiem ir neuzticamība, kā arī, tā ir iespēja kādam nopelnīt uz lietotāju jūtu un emociju rēķina.

Vēlētos nedaudz paturpināt par negatīvajām lietām, kas skar komunikāciju virtuālajā telpā. Virtuālā komunikācija ir nekvalitatīva, jo dažkārt, lai uzsāktu sarunu, pietiek ar virtuālās acs piemiegšanu vai smaidiņa nosūtīšanu. Viss, protams, atkarīgs no katra cilvēka paša, bet virtuālajā sarakstē daudz var redzēt paviršības, kļūdas. Pateiktais bez pieturzīmēm ir grūti uztverams. Interneta komunikācijā cilvēka valoda kļūst nabadzīgāka, jo svarīgi, lai adresāts ātrāk saņem ziņu un kaut kā reaģē. Svarīgs ir nevis tas, par ko runā, bet kā runā un kurš ar kuru runā. Mērķis ir mazāk mērķis nekā virziens: radīt, uzturēt un stiprināt procesu kustībā. Pie negatīvajām lietām vēl gribētu pieskaitīt nejaušības un neuzmanību. Īpaši aktuāli tas ir pie e-pastu izsūtīšanas. Ir daudz iespējas kā kaut ko sajaukt, piemēram, nebūt nav patīkami, ja tavu izteikti privāto un intīmo vēstuli kādam konkrētam cilvēkam, saņem grupa ar cilvēkiem, jo nejauši esi sajaukusi adresātu. Labās lietas noteikti ir informacijas pārraides ātrums un ērtāka iespēja izvēlēties.

[26] Cocking, Dean. Plural Selves and Relational Identity: Intimacy and Privacy Online. Jeroen Van den Hoven and John Weckert (Ed.) *Information Technology and Moral Philosophy*. New York: Cambridge University Press, 2008, 131. lpp.

Jautāju interneta portālos sastaptiem cilvēkiem, kas tieši viņus piesaista virtuālajā komunikācijā un vai viņi vēlas tikties arī realitātē ar šiem pašiem cilvēkiem. Lūk, daži no izteiktajiem viedokļiem.

Rududuuu: „Virtuālajā komunikācijā piesaista tas, ka tā ir kā runāšana caur puķēm, jo ka tu otru neredzi tad nav tāds satraukums."[27]*

DOB domas par tikšanos ar internetā iepazītu personu. „Forshi ...ir veselas komuunas kas tiekaas un iepaziistaas netaa...char.delfi.lv piem."[28]*

Scarlet domas par tikšanos ar interneta sarunu biedriem ir mazlietiņ savādākas.„Esmu vairakas reizes, bet tie nav bijushi randinji, nekas tads. Kaa jau teicu, izmantoju *hospitalityclub*, kad gribu kur aizcelot, bet negribas maksaat par viesniicu. man ir bijusi tikai pozitiiva pieredze."[29]*

---

[27] Rududuuu, 3. anketa. 2009. gada 15. martā.
[28] DOB, 11. anketa. 2009. gada 16. martā.
[29] Scarlet, 28. anketa. 2009. gada 18. martā.
*Sarunas atveidoju, nelabojot kļūdas, bet tieši tādā veidā kā saņēmu atbildes.

2.1. Virtuālās komunikācijas iemesli

Cilvēki nereti cenšas iegūt to, kas viņiem dzīvē pietrūkst, turklāt nepieliekot pūles, lai savu mērķi sasniegtu. Globalizācijas un informācijas laikmetā ir svarīgi sajusties piederīgiem vispasaules sabiedrībai, bet dažreiz vispasaules sabiedrība aizēno vietējo lokālo sabiedrību. Velme iepazīt dažādas kultūras un sabiedrību ne vienmēr ir apmierināma, jo komunikācija reālajā dzīvē prasa laiku, enerģiju, reizēm ieguldījumus. Internetā mēs varam kontaktēties ar cilvēkiem, kuri atrodas desmit tūkstošu kilometru attālumā, saskarsmes loku var bezgalīgi paplašināt, mums nav jāuztraucas par mūsu izskatu un par iespaidu, kuru mēs radīsim. Citiem vārdiem sakot, izzūd fiziskās robežas valstu un iedzīvotāju starpā. Sākumā bieži rodas reālo kontaktu nevajadzīguma ilūzija, tāpēc ka faktiski reālajā vidē kontakti ir sarežģītāki, nekā virtuālajā vidē. Jo vairāk cilvēki izmanto internetu, jo pozitīvāka kļūst viņu virtuālās komunikācijas pieredze. Utopiskais sapnis par lielo komunikācijas eiforiju kļūst par murgu lielākajiem dīvaiņiem[30] un savrupniekiem, kas nespēj izprast plašā paziņu loka nepieciešamību un kontaktēšanās mākslu.

Protams, ir arī tādi kontaktēšanās un iepazīšanās veidi, kā sludinājumi avīzēs un žurnālos, bet interneta priekšrocība ir tā, ka iespējams nodalīt interešu grupas un vēlamās atrašanās vietas.

Informācijas tīklu caurspīdīgums, vienlīdzība padara internetu par demokrātisku sistēmu.[31] Visiem tīkla locekļiem ir pieejama svarīgākā, turklāt viena un tā pati informācija un viņi, kad vien vēlas, var piedalīties iekšējās debatēs. Visi var izteikt savu viedokli un komentārus. Internets atrisina katra cilvēka dzīves lielāko problēmu, kas ir - atrast sev klausītāju. Šajā pašā darbā - "Netokrātija"- mēs arī varam atrast skaidrojumu, kādēļ internets var nebūt demokrātisks. Jo tīklā visi meklē līdzīgi domājošos un veido ar viņiem jaunu virtuālo telpu, kurā nav konflikta. Neviens taču nemeklē cilvēkus ar kuriem nav nekā kopīga. Ironiskā kārtā iespēja, ko piedāvā internets, atrast līdzīgi

---

[30] Wellman, Barry; Caroline Haythornthwaite. *The Internet in Everyday Life*. Malden: Blackwell, 2002, p. 319.
[31] Bards, Aleksandrs; Jāns Sēderkvists. *Netokrātija*. Rīga: Jumava, 2005, 126. lpp.

domājošus cilvēkus un izvairīties no cilvēkiem, ar kuriem nevēlamies kontaktēties[32]padara to par nedemokrātisku sistēmu.

Internets ir ērts arī tādā ziņā, ka lietotājs pēc vēlēšanās var sākt kontaktēties, izbēgt no kontakta vai pārtraukt kontaktu jebkurā brīdī. Viens no iemesliem, kādēļ jāmeklē citi komunikācijas veidi, ir reālo saskarsmes kontaktu trūkums. Ja lietotājam ir iespējams realizēt saskarsmes vajadzības reālajā dzīvē, tad viņam ļoti ātri zudīs virtuālo kontaktu ieinteresētība. Internetā ir iespējams kļūt par ideālu tēlu, vai radīt vairākus tēlus, kas ietvertu visas īpašības, kas reālajam cilvēkam vienlaicīgi nepiemīt. Ideālā tēla veidošana ietver arī ģenētisko parametru maiņu. Katrs var iegūt savu kāroto acu krāsu vai augumu. Var parādīt savu personas daudzšķautņainību, nesaņemot par to nosodījumu. Atšķirībā no reālā teātra, kur skatītāji nekļūst par aktieriem, šeit katrs virtuālās komunikācijas dalībnieks var vienlaicīgi spēlēt daudzas lomas, kļūt par savu māti vai meitu pēc vēlēšanās.[33] Radot jaunu tēlu, var attīstīt savas radošās spējas un ielikt savu fantāziju. Ar šo jaunizveidoto tēlu var mainīt savu lomu sabiedrībā. Kautrīgs un neattīstīts puišelis var kļūt par muskuļotu spēkavīru, kurš tālāk citiem lietotājiem var kļūt par autoritāti. Tā izveidojas jauna interneta kopiena ar mainītām sociālajām lomām. Tas var arī sasaukties ar vēlmi veidot savu identitati kā atšķirīgu no pārāk homogēnās pasaules. Īpaši tas attiecas uz jauniešiem, kas vēlas veidot kolektīvās identitātes pieredzi, turklāt bieži vien viņi tiek rasturoti kā meklētāji. Ar to saprotot, gan savas identitātes meklējumus, gan jaunu izjūtu un piedzīvojumu meklējumus. Daži cilvēki konstruē virtuālo identitāti – savu ideālo "Es", aizstājot slikto reālo "Es".[34] Vajadzība pēc apspiestas personības pašapliecināšanās, kā arī pēc atzinības un spēka. Svarīgs faktors virtuālajai saziņai ir anonimitāte. Slēpjoties aiz viltus vārda, var paust savas domas nebaidoties, ka kāds varētu nosodīt īsto personas būtību. Sazināšanās internetā liek cilvēkiem atraisīties, šādi virtuālie sakari izraisa šķietamu neaizskaramības izjūtu,

[32] Turpat, 52. lpp.
[33] Каптерев, Андрей Игоревич. *Информатизация социокультурного пространства.* Москва : Фаир-пресс, 2004, 270 см.
[34] Rajevska, Jevgenija. Atkarības fenomens. *Psiholoģija Ģimenei un Skolai.* Nr.36, 2009, 17. lpp.

rosinot "kaislības". Tā ir ilūzija, jo bieži ir iespējams izsekot virtuālo sarunu biedru un savākt par viņu kompromitējošus materiālus. Ziņu un pateiktā aktualitāte - eksistē tieši tagad, konkrētā brīdī. Virtuālā komunikācija attīsta diskusiju spējas un iemāca pamatot savu viedokli. Var mācīties no savām kļūdām var apskatīt dokumentētās sarunas. Tās var apskatīties vēstuļu vai *čata* arhīvā, tas ļauj analizēt savu rīcību. Netokrāti cenšas lolot un pilnveidot savas spējas uz vienlaicīgu daudzveidību rīcībā un mākslu nemitīgi attīstīt daudzskaitlīgas paralēlās identitātes.[35]

Interneta lietotāji nereti vēlas iegūt tos iespaidus un emocijas, ko nav ieguvuši reālajā dzīvē. Vēlme paust savas emocijas vārdos reizēm tiek aizstāta ar ikoniņu, emociju zīmju veidošanu vai tā saiktajiem *smaidiņiem*. Cilvēkiem patīk atklātas sarunas un īpaši brīži, kad var apraudāties no uzrakstītā, pat tad ja viens otru patiesībā nepazīst, turklāt nemaz neredz. Tomēr ne visiem ir vēlme *izkratīt sirdi*, citiem interneta lietotājiem tā vienkārši ir iespēja īsināt laiku un viņi nemaz negaida kaut ko vairāk par taustiņu klabināšanu. Virtuālā vide ir atbrīvota no cenzūras un tas nozīmē arī to, ka seksualitāte vairs nav tik dramatiska un tā ir kļuvusi par vēl vienu laika kavēkli: saikne starp seksu un kopdzīvi vājinās, kas nozīmē, ka kopumā seksualitāte tiek distancēta no attiecībām, parādās daudz kopdzīves formu, kurā seksam nav atvēlēta gandrīz nekāda loma.[36]

Turpinot runāt par seksualitāti un virtuālajām attiecībām, nedrīkst nepieminēt vienu no interesanākajiem virtuālo attiecību fenomeniem, kas ir *tīkla afēras*. Ja ir problēmas ar draugiem, attiecībās, cilvēki meklē sapratni un atbalstu pie interneta paziņām, tas arī varētu būt iemesls, lai vēlētos izbaudīt kiberseksu vai virtuālo flirtu. Deivs Grīnfilds mēģina rast atbildes uz jautājumu – vai flirts internetā un kiberseks ir krāpšana? Pēc viņa domām, jebkurš laiks, ko tu pavadi intīmā tuvībā ar citu personu,

---

[35] Bards, Aleksandrs; Jāns Sēderkvists. *Netokrātija*. Rīga: Jumava, 2005, 133. lpp.
[36] Bards, Aleksandrs; Jāns Sēderkvists. *Netokrātija*. Rīga: Jumava, 2005, 146. lpp.

ārpus primārajām pāra attiecībām, var kaitēt attiecībām realitātē, neatkarīgi no tā vai tas notiek virtuālajā vai fiziskajā pasaulē.[37]

Virtuālās attiecības ir bēgšana no reālajām, kas norāda, ka reālajās attiecībās cilvēks ar kaut ko nav apmierināts. Viens no iemesliem, kāpēc cilvēks meklē izklaidi virtuālajā vidē, ir daudzu paviršu attiecību meklēšana, lai izvairītos no stabilām. Interneta vide piedāvā šādas paviršas attiecības. Viss ir vienkārši — ja apnīk, var iziet no tīkla lapas.

Lai internetā varētu brīvi pauzt savu seksualitāti un atrast domubiedrus ir izveidotas speciālas *čata* istabas. Daudz tiek diskutēts par *čata* vietnēm, kur tiek apspriestas seksuālas darbības ar bērniem un domas par šo tēmu dalās. Mērķis šīm *čata* istabām ir labi pārdomāts. Uzstādījums ir tāds, ka tās ir domātas tikai pieaugušajiem, lai viņi realizētu savas fantāzijas un atrastu savus domubiedrus virtuālajā vidē, nevis nodarbotos ar pedofīliju realitātē. Tomēr ir grūti nošķirt, kurš tikai fantazē, bet kurš ir īsts pedofīls. Drošības policijai un vecākiem pašiem jāseko līdzi, lai bērni tur nereģistrētos, apmierinot savu ziņkāri. Dažkārt šajās *čata* istabās tiek norunāta iespēja apmainīties ar bērnu pornogrāfiju saturošiem foto. Internetā ir pieejamas čata istabas, kas ir sadalītas pa seksuālām tēmām, kas saistītas ar nepilngadīgajiem. Piemēram, *Want F under 15, dadndaughter, Incest room, olderman4ynggrl* [38] un citas.

Komunikācija internetā var kļūt bīstama brīdī, kad šie cilvēki reāli sagrib piepildīt savas fantāzijas un meklē upurus *čatos* un iepazīšanās vietnēs, kur reģistrējušies arī bērni. Sīkāk šo tēmu neiztirzāšu, jo mana bakalaura darba tēma pieļauj pētījumu, kas saistīts ar virtuālo komunikāciju, bet brīdis, kad internetā ir jau atrasts upuris, vairāk skar krimināllietas.

Šoreiz mazāk pievērsīšos komunikācijai virtuālajā pasaulē ar jau iepazītiem cilvēkiem no reālās dzīves, jo tur ir pilnīgi cita problemātika. Ar labi zināmiem

---

[37] Greenfield, Dave. Cybersex: Crossing the Line On-line. [Skatīts 2009, 29. apr.] Pieejams: http://www.virtual-addiction.com/a_cybersex.htm

[38] Young, Kimberly. Virtual Sex Offenders: Profiling Cybersex Addiction and True Online Pedophilia. [Skatīts 2009, 29. apr.] Pieejams: http://www.netaddiction.com/articles/eia_pedophilia_profile.pdf

cilvēkiem mēs biežāk izvēlamies sarunāties, izmantojot ātrākas un atklātākas informācijas apmaiņas ceļus, piemēram, *skaipu* (skype), lai varētu ātri saņemt atbildes, zvanīt, lietot tīkla kameru un veidot video conferences. Bet mūsdienās *skaipu* arī lieto līdzīgi kā iepazīšanās portālus, lai iepazītos ar pilnīgi nepazīstamiem cilvēkiem no dažādām valstīm.

Iepriekš vairāk pievērsos negatīvajām lietām, censhoties uzsvērt, ka komunikācija reālajā dzīvē noteikti ir drošāka, bet tajā pašā laikā nosaucu virtuālās komunikācijas plusus. Tiem vēlētos pievienot vēl vienu būtisku aspektu – interneta komunikācija ir iespēja iepazīties un veidot kontaktus ar līdzīgi domājošajiem visām sociālajām grupām, tajā skaitā arī invalīdiem, kuriem bieži vien ir fiziski grūti komunicēt klatienē. Arī atstumtie un savadāk domājošie labāk spēs socializēties ar cilvēkiem, kam ir līdzīga domāšana, nevis līdzcilvēkiem, kas viņus atstumj un nepieņem, neskatoties uz to, ka domubiedri var atrasties kontinenta attālumā, būs sajūta, ka vismaz ir kāds cilvēks, kas atbalsta un saprot.

Interneta lietotāji lūdzu atbildēt uz jautājumu - *Kas Tevi piesaista virtuālajā komunikācijā?* Manuprāt, šīs atbildes tikai apstiprina manis iepriekš teikto.

jazygirl:"Labāk dodu priekšroku satikties ar cilvēku aci pret aci. Bet ja nav iespējas bieži tikties, tad komunikācijas caur tādiem portāliem dod ātru kontaktu."[39]

chukste: „Neziņa!"[40]

agave: „Agrāk iespējams reālā dzīve nebija tik aktīva un tas bija kā alternatīvs komunicēšanās veids. Bet vienmēr pēc tādas foršas virtuālās sarakstes arī sekoja komunikācija reālajā dzīvē, tas atkal bija kaut kas jauns un aizraujošs."[41]

Lazy: „Tas, ka var izpūris runāties ar meitenēm."[42]

madzandra: „Iespējas izteikties. Lai arī reāli apzinos, ka tam maz uzklausītāju no mērķauditorijas un tos kommentus uc lasa tikai tādi paši frīki kā es…"[43]

Traksaule: „Ja nav šīs personas kontakti telefonā, viņu var atrast internetā."[44]

[39] jazygirl, 2. anketa. 2009. gada 15. martā.
[40] chukste, 30. anketa. 2009.gada 18. martā.
[41] agave, 32. anketa. 2009. gada 20. martā.
[42] Lazy, 38. anketa. 2009. gada 20. martā.
[43] madzandra, 42. anketa. 2009. gada 20. martā.

2.2. Interneta atkarība

Sākumā jājautā vai informācijas laikmetā vispār ir iespējams tāds jēdziens kā *interneta atkarība?* Vai visus, kas ilgāk par psihologu noteiktajām stundām uzturas globālajā tīmeklī, varam uzvert kā atkarīgos no interneta? Pētnieku domas dalās šajā jautājumā, tādēļ mēģināšu noskaidrot kādi ir izplatītākie viedokļi par šo iespējamo draudu. Psihologi, kas nepiekrīt interneta atkarībai, apgalvo, ka pagaidām ir izpētīts pārāk neliels skaits gadījumu, lai varētu no tā izdarīt pamatotus secinājumus. Turklāt nav arī skaidras interneta atkarības definīcijas un vienota viedokļa par to, cik ilgs laiks ir jāpavada pie interneta, lai to varētu uzskatīt par atkarību. Deivs Grīnfilds, Kimberlija Janga, prof.Orzaks (Dr. Orzack), Als Kūpers (Al Cooper) studē interneta problemātiku, jo tā ir jauna un mainīga parādība ik dienas, bet tikai daži žurnālu raksti ir veltīti interneta atkarībai. Interneta atkarība tikai tagad tiek atzīta par derīgu pētniecības lauku.[45] Satraukumu rada cilvēka atkarība no interneta jeb *internetomānija*, kā arī cilvēku atmiņas pasliktināšanās fenomens saistībā ar to. Iepazīstināšu ar dažiem termina "interneta atkarība" skaidrojumiem. "Terminu 'Internet-atkarība' 1996. gadā ieviesa doktors Aivens Goldbergs, kurš raksturoja šo atkarību līdzīgi atkarībai no alkohola, aprakstot to kā "graujošu iespaidu atstājošu uz sadzīves, mācību, sociālās, darba, ģimenes, finansiālās un psiholoģiskās darbības sfēru".[46]

Interneta atkarība (Internet Addiction Disorder) ir psihisks stāvoklis, kas raksturojas ar uzmācīgu vēlmi lietot internetu un nespēju pārtraukt to darīt. Interneta atkarības jēdziens pirmo reizi tika ieviests 1990. g., lai aprakstītu nepārvaramu patoloģisku tieksmi pēc interneta lietošanas.[47]

[44] Traksaule, 50. anketa. 2009. gada 20. martā.
[45] ABC News Chat with Dr. Dave Greenfield. [Skatīts 2009, 28. apr.] Pieejams: http://www.virtual-addiction.com/a_abcnews_chat.htm
[46] Šterns, Jānis. Internet-atkarības problēma Latvijā. [Skatīts 2009, 5. maijā] Pieejams: http://www.delfi.lv/archive/article.php?id=4768420
[47] Ļebedeva, Laura. Atkarība no interneta.[Skatīts 2009, 25. martā] Pieejams: http://www.drossinternets.lv/pub/index.php?id=99

Tadeušs Zasempa ir viens no tiem psihologiem, kurš atzīst, ka ir tādi cilvēki, kurus var uzskatīt par atkarīgiem no interneta, tomēr patiesībā problēma nav internetā, bet tajā, ka viņi nevēlas risināt savas dzīves problēmas un bēg no tām virtuālajā pasaulē.[48]

Plaši izplatīts viedoklis, ka robežlīnija ,runājot par atkarību no interneta, ir 38h nedēļā.[49]

Pastāv arī cits veids kā noteikt interneta atkarību. Amerikāņu psiholoģe Kimberlija Janga ir izstrādājusi testu, kurā iegūstot vairāk par 5 pozitīvām atbildēm, varam jau uztraukties par interneta atkarību un cilvēkus, kas snieguši šīs 5 vai vairāk pozitīvās atbildes varam dēvēt par datoratkarības riska grupu.* [50]

Lai gan pastāv bažas, ka interneta atkarība izplatās, ir izpētīts, ka tikai 6 % no interneta lietotājiem kļūst atkarīgi. Visticamāk tam ir sakars ar individuālām psiholoģiskām īpašībam, bet tas vēl nav pierādīts.[51]

Interneta atkarību reizēm salīdzina ar atkarību no televīzijas skatīšanās. Tā izpaužās kā stundām ilga pults spaidīšana, mēģinot atrastu programmu, kas ieinteresētu, bet patiesībā skatītājs katrā programmā uzkavējas tikai īsu mirkli. Šī atkarība saistās ar globālā tīmekļa lietotājiem, kas vēlas apmeklēt pēc iespējas vairāk tīkla lapas. Bet psihiatriem šis fenomens pazīstams jau sen. Šo kaiti sauc par *zapingu*. Ārstējas dažādi, dažreiz strauji atšķirot pacientu no televizora, retāk trieciendevās liekot skatīties televīzijas pārraides 20–24 stundas pēc kārtas.[52]

---

[48] Zasempa, Tadeušs. Brīvība un atkarība internetā. [Skatīts 2009, 5. maijā] Pieejams: http://www.lv.lv/index.php?menu=doc&sub=697&id=178549

[49] Sporāne, Baiba. *Informācijas sabiedrības teorijas aspekti* : materiāli studijām. Rīga : Latvijas Universitāte, 2002, 123. lpp.

* Testā ietilpst tādi apgalvojumi kā piemēram: Cenšos slēpt to, cik daudz laika pavadu nodarbojoties ar datorspēlēm. Jūtos pacilāti no tā vien, ka iedomājos par sērfošanu internetā.

[50] Koroļeva, Ilze; Ritma Rungule; Sigita Sniķere; Mārcis Trapencieris. *Jauno tehnoloģiju atkarības izplatība jauniešu vidū Rīgā* : *pētījuma rezultāti*. Rīga: Rīgas Narkomānijas profilakses centrs, 2004, 46. lpp.

[51] ABC News Chat with Dr. Dave Greenfield. [Skatīts 2009, 28. apr.] Pieejams: http://www.virtual-addiction.com/a_abcnews_chat.htm

[52] Jacky, Atkarība no interneta — slimība vai jauns līmenis civilizācijas attīstībā? [Skatīts 2009, 5. maijā] Pieejams: http://www.apollo.lv/portal/news/1667/articles/90197

Tomēr viņām abām ir būtiska atšķirība – internetā nav reklāmas paužu[53], kas palīdz pievērsties reālai dzīvei un ļauj nepazust virtualitātē.

Aleksandrs Voiskunskis uzskata, ka visvairāk piemērotais internetatkarības psiholoģiskais analogs ir tā saucamā "plūsmas" pieredze, kad cilvēkam rodas izjūta par pārcelšanos uz jauno realitāti, zūd laika izjūta, viņš atraujas no apkārtējās fiziskās un sociālās vides.[54]

Atkarīgās personības raksturo tādas iezīmes kā pakļaušanās citu viedoklim un nespēja realizēt savas vēlmes. Šādu cilvēku var iesaistīt dažādās nesankcionētās darbībās, kuras reizēm pat pārsniedz veselā saprāta robežas – piemēram, masveida pašnāvības, par kurām cilvēkiem vienojas caur internetu.[55]

Pētījumā ABCNEWS.com interneta lapā atbildēja uz jautājumiem 18000 interneta lietotāji (no angliski runājošām valstīm), lai pētnieki varētu izveidot tipiska interneta lietotāja portretu. Rezultāti pierādīja interneta psihoaktīvo un negatīvo ietekmi uz cilvēku. Citiem vārdiem sakot, šīs tehnoloģijas ietekmē veidu kā mēs dzīvojam un kā mīlam. Bet 30% no aptaujātajiem interneta lietotājiem atzina, ka lieto internetu, lai uzlabotu garstāvokli. Respektīvi, viņi izmanto internetu tādiem pašiem mērķiem kā narkotikas.[56]

Pētnieki ir pierādījuši, ka no interneta komunikācijas atkarīgie visbiežāk cieš no depresijas, vientulības un viņiem ir mazāk sociālo kontaktu realitātē.[57]

Iepriekš teiktajam pievienojas arī Karnedžī Melonas Universitātes (Carnegie Mellon University) pētnieki, jo atklājuši, ka cilvēki, kas regulāri pavada dažas stundas klejojot interneta plašumos, jūtas nomākti un vientuļāki nekā tie, kas internetu izmanto retāk.[58]

---

[53] Young, Kimberly; John Suler. Interventions for pathological and deviant behavior within an online community. [Skatīts 2009, 29. apr.] Pieejams: http://www.netaddiction.com/articles/interventions.pdf

[54] Rajevska, Jevgenija. Atkarības fenomens. Psiholoģija Ģimenei un Skolai. Nr. 36, 2009, 17. lpp.

[55] Lapiņa, Kristiāna. Atvainojiet, jūsu pasaule šodien ir slēgta. [Skatīts 2009, 29. apr.] Pieejams: http://www.psihologijaspasaule.lv/raksti.php?id=283&show=803&act=read

[56] Greenfield, Dave N.Virtual Addiction: Sometimes New Technology Can Create New Problems. [Skatīts 2009, 28. apr.] Pieejams: http://www.virtual-addiction.com/pdf/nature_internet_addiction.pdf

[57] Wellman, Barry; Caroline Haythornthwaite. The Internet in Everyday Life. Malden: Blackwell, 2002, 295. lpp.

[58] Harmon, Amy. Researchers Find Sad, Lonely World in Cyberspace. [Skatīts 2009, 29. apr.] Pieejams: http://www.nytimes.com/library/tech/98/08/biztech/articles/30depression.html

Amerikāņu psiholoģe Kimberlija Janga (Kimberly Young), kas ir pētījusi tehnoloģiju ietekmi uz cilvēku psiholoģiju, uzskata, ka viena no galvenajām grupām, kam ir iespēja kļūt atkarīgiem no interneta, ir studenti[59], jo viņiem ir radīti labvēlīgi apstākļi, lai šī atkarība veidotos. Kā piemēru varu minēt: brīvo pieeju internetam augstskolās, nestrukturētu no lekcijām brīvo laiku, kā arī studentu atsvešinātību vienam no otra. Augstskolās, atšķirībā no pamatskolas un vidusskolas, nav neviens kas pieskata. Valda pilnīga brīvība, jo katrs pats tiek uzskatīts par pietiekami pieaugušu, lai varētu izvēlēties savu rīcības plānu, kā arī apsvērt kuras iespējas vēlas izmantot, bet kuras ne.

Šodrīd jau varam mēģināt nodalīt dažādus interneta atkarības veidus:

Socializēšanās tieksme ir paziņu un draugu meklēšana socializēšanās portālos un *čatos*. Tā raksturo cilvēku, kurš nevar sevi iedomāties ārpus interneta čatiem, forumiem un konferencēm. Ja tādam *interneta narkomānam* nav iespējas piekļūt tīklam, viņš kļūst depresīvs un nomākts, lai gan savas nomāktības iemeslu pats neapzinās. Ikdienas dzīvē šāds lietotājs mēdz būt nedrošs un kautrīgs attiecībās ar pretējo dzimumu, bet internetā cenšas maskēties aiz bravūras. Droši kritizē, argumentē un uzmācīgi pauž savu viedokli.

Kiberseksuālā atkarība – nepārvarama tieksme pēc pornosaitu apmeklēšanas un kiberseksa nodarbēm. Šajā sadaļā ietilpst arī seksa *čatu* un forumu apmeklētāji, kuriem pietiek ar intīmām sarunām, nemaz neredzot partnera foto, jo tad ir iespēja fantazēt, ka saruna notiek ar sievietes/vīrieša ideālu. Šādi interneta lietotāji reālajā dzīvē pretējam dzimumam pievērš mazāku uzmanību, jo realitātē ir grūtāk sastapt savu ideālo partneri.

Bezjēdzīga tīkla (web) lapu apmeklēšana – bezgalīgi un bezjēdzīgi tīkla ceļojumi, meklēšana datu bāzēs vai meklēšanas sistēmās. Lietotājam interneta pārlūkprogrammas adrešu rindā gribas rakstīt arvien jaunas un jaunas interneta portālu adreses, bet nevienā

---

[59] Young, Kimberly. Surfing Not Studying - Dealing with Student Internet Addiction on Campus. [Skatīts 2009, 29. apr.] Pieejams: http://www.netaddiction.com/articles/surfing_not_studying.pdf

25

no šiem resursiem lietotājs ilgi neuzturas, apskata galveno lapu, un viņu jau velk uz citu interneta portālu. Lietotājs ar to var nodarboties stundām ilgi.

Uzmācīga vajadzība izmantot internetu– azartspēļu spēlēšana tiešsaitē, patstāvīgi pirkumi internetveikalos vai piedalīšanās internetizsolēs. Latvijā pagaidām vēl nav tik izplatīta, jo vecākā paaudze vēl neuzticas interneta sniegtajām iespējām. Toties Amerikā un citur pasaulē cilvēki, kas ir *sajukuši* ar iepirkšanos virtuālajos veikalos, tiek skaitīti miljonos. Bieži vien nopirktās lietas saimniecībā nemaz nav nepieciešamas. To varētu izskaidrot ar cilvēku tieksmi pasapņot par ideālām lietām, jo reklāmas fotogrāfijās tās izskatās labāk, nekā veikala plauktā, lai gan labi apzinamies to, ka lietas var atšķirties no attēlā redzamajām.

Atkarība no datorspēlēm – uzmācīga datorspēļu spēlēšana. Sākotnējā cīņa ar spēļu piedāvātajiem pretiniekiem, lēnām pārvēršas vēlmē sacensties ar citiem spēlētājiem globālajā tīmeklī, lai pierādītu, kurš ir īstais spēles profesionālis. Tieši datorspēles ir tās, kur visbiežāk ir iespēja *iegrimt* virtuālajā realitātē, jo tās jau vizuāli piedāvā jaunu pasauli, kur viss izskatās *īsts*. Pelnot punktus, līmeņus, virtuālo naudu spēlētājs aizmirst par savu fizisko pasauli, kaut vai par tik primārām lietām, kā, piemēram, paēst.

Internetomānija (atkarība no interneta)sāk izplatīties visā pasaulē un reizēm tam ir pavisam traģiskas sekas.*[60]

Pasaulē interneta lietotāju skaits ar katru dienu palielinās un līdz ar to lielāks risks kļūt atkarīgam no interneta. Kā viena no pirmajām valstīm, kas apzinās šo problēmu ir Ķīna, kur atkarība no interneta tika pasludināta par klīnisku slimību, jo valstī ārkārtīgi ātros tempos pieaug to cilvēku skaits, kuri gandrīz neatiet no datora un savu laiku pavada internetā. Turklāt Pekinā izveidota arī pirmā no interneta atkarīgo slimnieku

* Kā traģisku piemēru varu minēt šausminošo notikumu Tjumeņā (Krievijā), kur kāds 17 gadu vecs jaunietis kopā ar draugiem zvēriski ar dzelzs stieņiem nosita savus vecākus, jo viņi puisim bija aizlieguši pavadīt nakti datorsalonā. Pēc tam vecāku līķi tika paslēpti, un noziedznieks dzīvoja labu laiku, iztiekot ar vecāku naudu un pastāvīgi apmeklējot datorsalonu, kur arī viņu aizturēja.
[60] Pelcmane, Sarmīte; Andrejs Rjabcevs. Virtuālā realitāte. Bēgšana no reālās pasaules vai izglītošanās? [Skatīts 2009, 29. apr.] Pieejams: http://www.kurzemes-vards.lv/?doc=20634

klīnika, kur slimniekus ārstēs ar speciālu terapiju - pārrunas, militārās disciplīnas ievērošana, hipnoze un elektrošoks.[61]

Latvijā, diemžēl, šī problēma tiek uzskatīta, acīmredzot, par neaktuālu vai mazsvarīgu, kam iemesls varētu būt informācijas trūkums un problēmas nepietiekama apzināšanās. Dažādos interneta pieejamības punktos tikpat kā netiek kontrolēts, kādas vecuma grupas jaunieši izmanto internetu un kādus tā resursus apmeklē. Domāju, Latvijā tāpat būtu pat nepieciešams speciāls palīdzības centrs atkarīgajiem no interneta, taču šobrīd nav redzamu ekspertu, kas apzinātos problēmas specifisko raksturu. Interneta subkultūras eksistence joprojām tiek pasniegta sociāla kurioza formā, tādējādi padarot interneta atkarības patoloģisko aspektu par tikpat nenopietnu vai vispār nemanāmu.

Psihologi Amerikā ir izstrādājuši desmit soļus kā atrauties no virtuālās pasaules, ja kāds jūt, ka kļūst atkarīgs.[62]

Manuprāt, galvenie noteikumi, kas ir jāievēro – jāieplāno brīvdienas bez tehnoloģiju lietošanas, pēc iespējas jāsaīsina laiks, ko pavada internetā, kā arī jāizvēlas vairāk nodarbību un vaļasprieku reālajā pasaulē.

---

[61] Ķīnā atkarību no interneta pasludinās par slimību. [Skatīts 2009, 5. maijā] Pieejams: http://www.narcomania.lv/pub/index.php?lid=381&id=93

[62] Suggestions to Help you Manage Internet Use: Ten Steps to Reclaim Real-Time Living. [Skatīts 2009, 28. apr.] Pieejams: http://www.virtual-addiction.com/a_10steps.htm

2.3. Agresija internetā

Agresiju internetā varam sastapt dažādos veidos (video, foto, animācija, datorspēles, komentāri), bet es savu uzmanību vērsu galvenokārt uz agresīviem un naidu kurinošiem ziņu kometāriem un negatīviem fotogrāfiju novērtējumiem socializēšanās portālos. Noteikt diskusijas plašumu un veikt komentāru rakstītāju un to skaita analīzi ir grūti, internetam piemītošo specifisko īpašību dēļ, konkrēti, traucē rakstītāju nosacītā anonimitāte. Tādēļ šī darba ietvaros to nedarīšu, tikai ieskicēšu vispārīgo situāciju.

Interneta agresija izpaužas, ja kāds:

1) sūta piedauzīgus, pazemojošus vai draudīgus ziņojumus, e-pasta vēstules, fotogrāfijas vai filmas;

2) ziņojuma dēlī, tīmekļa vietnē vai *čatā* ievieto piedauzīgus ziņojumus vai attēlus; *čatā* izsakās aizvainojoši;

4) uzdodas par kādu citu personu *čatā*, ziņojuma dēlī vai, sūtot tekstveida ziņojumus, un saka nepatīkamas lietas;

5) piekļūst citas personas kontiem - profiliem, lai pabaidītu vai sagādātu nepatikšanas.[63]

Lai raksturotu agresiju, lieto interneta lietotāju vidū labi pazīstamus terminus – *fleims, trollings, flūd(s), spams.*

Raksturošu katru no tiem sīkāk:

Fleims (angl. flame – uguns, liesma) – informācijas apmaiņa, kurai bieži vien nav nekāda sakara ar apspriežamo tēmu. Reizēm to dēvē arī par "vārdu kariem" vai tīkla barbarismu. Tiek likti lietā arī personiski apvainojumi ar mērķi provocēt strīdu, vai apvainot virtuālo sarunu biedru. Tas ir strīds bez argumentiem un ne pēc būtības, bet gan

---

[63] Ko nozīmē emocionāla pazemošana internetā, jeb kiberterorizēšana? [Skatīts 2009, 25. martā] Pieejams: http://www.drossinternets.lv/pub/index.php?id=184

bezjēdzīga vārdu pārmaiņa. Agresoriem ir tieksme pazust, veltot kādu asu izsaucienu, piemēram: "Tu esi nejēga!"

Trollings ir ar līdzīgu nozīmi fleimam, tikai šeit ir mērķis *uzkarsēt* diskusiju, darbojas kā katalizātors fleimam. Notiek bezjēdzīga vārdu pārmaiņa, savstarpēji apvainojumi. Trollinga galvenais mērķis ir ar jebkuriem līdzekļiem satracināt vidi – uzkūdīt dalībniekus, izteikt sarkastiskas un aizvainojošas piezīmes, rūpēties par humoristiska vai provokatīva satura paziņojumiem virtuālajā diskusiju telpā. Ar to pat nodarbojas atsevišķas mazas organizācijas vai gupējumi. Lielais mērķis – pilnīgs haoss diskusiju telpā. Dažreiz trollinga piekopēji apvieno savus spēkus, lai ātrāk sasniegtu mērķi un novirzītu sarunas no sākotnējās diskusijas tēmas.

Flūd(s) (angļ. flood – plūdi) – atkārtota vienveidīga informācija vai frāze, reizēm īsi neskarīgi teksti. Iespējamais šīs nodarbes cēlonis – bezdarbība vai vēlēšanās kādam ieriebt. Dažreiz šādā veidā *jauniņais* grib pievienoties diskusijai un vēlas sev pievērst uzmanību.

Spams (mēstule) – nevēlamas informācijas piegāde. Iespējams, ka kāds man nepiekritīs, ka tas ir pieskaitāms pie interneta agresijas izpausmēm, jo šim *spamam* ir dažādi mērķi. Nevēlamajās vēstulēs vai ziņojumos var būt informācija par: uzņēmumiem; peļņas iespējām; lūgums pēc palīdzības; informācija par pasākumiem un daudz kas cits. Pret šīm mēstulēm man ir pretrunīgs viedoklis, jo es to uztveru kā uzbāzīgu informācijas pasniegšanas veidu, bet tajā pašā laikā man šīs mēstules saturs var arī ieinteresēt. Katram no mums patīk izdarīt izvēli - ko darīt, kā darīt un arī atlasīt informāciju, ko vēlamies saņemt. Turpretī mēstule neļauj izvēlēties, piedāvājot mums informāciju, kas lielākoties mums nav nepieciešama.

Ko tur lai daudz saka - tīklā mēs visi esam autori, izdevēji un producenti; mūsu izteiksmes brīvība ir milzīga un potenciālā auditorija neierobežota.[64]

Apkārtējā realitāte piegādā milzīgu informācijas daudzumu, kuru nav iespējams ātri un pilnībā apstrādāt – neiecietības iemesls internetā– nevar izvērtēt kas labi, bet kas nē.[65]

Lielu daļu atbildības par negatīvismu diskusijās jāuzņemas, pirmkārt, jau žurnālistiem, kas veidojot ziņas, piegādā kropļotu informāciju, bet cilvēki to uztver kā patiesu, otrkārt, portālu veidotājiem vai moderatoriem, kam rūpīgāk jāseko notiekošajam savā portālā.

Vēl žurnālisti nav spējīgi atteikties no lielas daļas subjektivitātes, veidojot ziņas, jo masu kultūrai nepieciešama sensācija. Šai neprofesionalitātei var būt dažādi cēloņi - rutīna, redakcijas nostāja, ātrums kādā ziņai jānonāk līdz publicēšanai. Par portālu atbildību izteikšos ar citātu no iepazīšanās portāla www.oho.lv, kur administrācija pietiekami skaidri ir norādījusi "oHo.lv administrācija neatbild par iepazīšanās sludinājumu un pārējās portālā paustās informācijas saturu, kā arī patur tiesības dzēst vai izmantot šo informāciju pēc saviem ieskatiem bez iepriekšēja brīdinājuma." Turklāt šis gadījums nav unikāls, līdzīgs teksts ir arī daudzās citās ziņu vietnēs.

Pieaugušajiem vairāk būtu jāpievērš uzmanība tam ar ko nodarbojas internetā bērni un jaunieši, bet tajā pašā laikā vecākā paaudze vēl nav apguvusi visus saziņas veidus, ko var izmanto virtuālajā telpā. Bērni un jaunieši šo nezināšanu izmanto savā labā un viņus ir grūti kontrolēt. Minēšu konkrētu piemēru no dzīves – māte ienāk dēla istabā, lai pārbaudītu vai viņš pilda mājas darbus, paskatās, ka tiešām datorā atvērta dokumentu lapa, bet patiesībā pārējās tīmekļa lapas, kas ir atvērtas - nemana, jo tās ir nolaistas uz uzdevumjoslas jeb minimizētas.

Pilnībā piekrītu reiz gudrā filozofa Sokrata teiktajam: "Vai tad mēs, lai vieglprātīgi ļaujam bērniem klausīties nezin kādas teiksmas, kuras nezin kas izdomājis, ļaujam, lai tās nostiprinās viņu apziņā, kaut gan tās pa lielākai daļai ir pretstatā ar

---

[64] Bards, Aleksandrs; Jāns Sēderkvists. *Netokrātija.* Rīga: Jumava, 2005, 16. lpp.
[65] Šulmane Ilze; Sergejs Kruks. *Neiecietības izpausmes un iecietības veicināšana Latvijā: laikrakstu publikāciju analīze.* Rīga: īpašu uzdevumu ministra sabiedrības integrācijas lietās sekretariāts, 2006, 7. lpp.

uzskatiem, kas tiem, kad viņi būs pieauguši, būs jāatzīst par pareiziem."[66] Internetā arī sastopamas dažādas *teiksmas*, ko nebūt bērniem vēl nebūtu jāzina.

Portāla Delfi vadītājs Ingus Bērziņš uzskata, ka nākotnē sistēma pati noregulēsies un savu domu pauž ar vārdiem: "Pašreizējā anonīmā komentāru kultūra ir izaugusi no interneta pirmā viļņa 90.gados, no filtra portāliem, *čata*. Taču jaunajai paaudzei, kas dzīvo sociālajos tīklos jābūt reālam profilam, tāpēc paredzams, ka aizvien mazāk cilvēku internetu lietos anonīmi."[67].

Lai gan pastāv uzskats, ka aiz segvārda var noslēpties, zinot IP * adresi, jebkuru interneta lietotāju var noķert. Nedaudz paraudzīsimies uz statistiku par sāktiem un atklātiem kriminālprocesiem kibernoziegumu jomā 2007.gadā: Veikta 41 izmeklēšana, sākti 29 kriminālprocesi, atklātas 14 krimināllietas.[68] Neskatoties uz pozitīvo statistiku, aizskartā persona nevar pilnvērtīgi aizstāvēt savas intereses. Pirmkārt jau, lai sāktu kriminālprocesu, sūdzībā jānorāda konkrētas personas dati, bet tie pieejami reti. Turklāt komentārus viegli izdzēst, pirms sāk izmeklēšanu. Internets nav definēts kā medijs un līdz ar to portāla redaktoriem nav nekādas atbildības par lietotāju radīto saturu.[69]

Izpētot Latvijas Krimināllikumu atklājās, ka tikai dažus pantus var attiecināt uz *kibernoziegumiem* jeb noziegumiem internetā. Agresīvie interneta lietotāji var tikt sodīti pēc sekojošiem pantiem:[70]

77.pants. Par publisku aicinājumu uz agresīvu karu vai militāra konflikta izraisīšanu;

78.pants. Par darbību, kas apzināti vērsta uz nacionālā, etniskā vai rasu naida vai nesaticības izraisīšanu;

---

[66] Platons. *Valsts*. Rīga: Zvaigzne ABC, 2001, 67. lpp.
[67] Dreijere, Vita. Agresija internetā: publiskā apspļaudīšana. *Diena*. 2008. 28. februāris, 4. lpp.
* Intertīkla protokols ir visa veida informācijas apmaiņas, nosūtīšanas un saņemšanas sistēma.
[68] Padodies! Tava slēptuve tīmeklī ir atklāta! *Sakaru Pasaule*. Nr. 1, 2008, 55. lpp.
[69] Dreijere, Vita. Lai izbeigtu apspļaudīšanu internetā, jālāpa arī caurumi likumdošanā. *Diena*. 2008. 13. marts, 10. lpp.
[70] Tiesību akti. Krimināllikums. [Skatīts 2009, 28. apr.] Pieejams: http://www.likumi.lv/doc.php?id=88966&mode=DOC

150.pants. Par personu reliģisko jūtu aizskaršanu vai naida celšanu sakarā ar šo personu attieksmi pret reliģiju vai ateismu;

156.pants. Par tīšu personas goda aizskaršanu vai cieņas pazemošanu mutvārdos, rakstveidā vai ar darbību;

158.pants. Par tīšu goda aizskaršanu vai neslavas celšanu masu saziņas līdzeklī.

Es gribētu pievērst uzmanību tieši uz 78.pantu, kurā ir skaidri definēts pret ko tieši nedrīkst izpaust savu naidu, tajā pašā laikā nav nekādas aizsardzības citām grupām, piemēram, seksuālajām minoritātēm, pret ko ļoti bieži tiek vērsta agresija internetā.

Konkrēts pētījums par naidīgiem komentāriem, ko veica biedrība Dialogi.lv, pierādīja Latvijas sabiedrības neizmēramo neiecietību pret tiem, ko viņi nesaprot vai vispār nepazīst. Kopumā pētījuma laikā tika izlasīti 11022 komentāri, no tiem 1502 tika atlasīti kā naida runas elemetus saturoši. Gandrīz 98% gadījumu negatīvi izteikumi skāra gejus un lesbietes, bet otrajā vietā bija komentāri, kas aizskar ebrejus.[71]

Izsakot savus uzskatus, komentētāji visbiežāk lieto personvārdu «mēs», kā arī citus izteiksmes veidus — atsauces uz tautu, latviešiem, kristietību, baznīcu, Dievu un Bībeli, lai izslēgtu jebkādus pretargumentus un pastiprinātu savu uzskatu autoratīvismu un neapstrīdamību.

Negatīvie komentāri un ziņojumi nodara morālu kaitējumu, jo ir pieejami plašai auditorijai un nekad nevar zināt, kas tos izlasīs, turklāt komentētāji nejūtas atbildīgi par izdarīto, kā tas būtu reālajā dzīvē, jo nebaidās tikt sodīti par veiktajām darbībām. Norādīšu uz dažiem neiecietīgiem komentāriem – **"NOST AR SKINU KROPLIEM19: Zin ko,tadiem kropliem rokas janocert!!!Kropli,visus tos lisos apsist!!!Miksto bars,pa vienam nekad nestaigaa jo baidas ka tiks atskalditi!!!!Sist tos neformalus skinus!!!"[72]**

---

[71] Naidīgos interneta komentāros konstatēti klaji aicinājumi uz vardarbību. [Skatīts 2009, 28. apr.] Pieejams:http://www.tvnet.lv/zinas/latvija/article.php?id=273503
[72] Skinhedi piekauj bērnus. [Skatīts 2009, 29. apr.] Pieejams: http://www.tvnet.lv/onlinetv/lnt/degpunkta/comments.php?oid=291832&tab=news

Lūk, vēl viens piemērs"**anglis von holanders:** to pornografiju shodien luur un sajusminaas vienig komunistu bloka vergu bari"[73]

Dažādi ziņu portāli rada filtrus, kas bloķē lamuvārdus, bet komentētāji kļūst radošāki un liek atstarpes vai punktus starp burtiem, tad vārds izkļūst caur filtru.

Agresija, apcelšana un kāda cilvēka nomelnošana virtuālajā vidē var radīt letālas sekas.*[74] Šo bēdīgo stāstu var skatīt no divām pusēm. Pirmkārt, tā noteikti ir agresija, kas pausta bara instinktu vadīta. Otrkārt, tas ir stāsts par virtuālo mīlestību, neesošu personu un viltus identitāti.

Interneta agresijas mērogi ir iespaidīgi, bet metodes cīņai pret šo agresiju – ļoti niecīgas.

Īsti negribētu piekrist sabiedrībā izskanējušam viedoklim, ka "komentāri ir sabiedrības spogulis", jo, manuprāt, komentāri ir atkarīgi no informācijas nesēja ievirzes. Lai varētu sekmīgi cīnīties ar šo problēmu, jāpārskata portālu saturs un koncepcija, jo komentētāji reaģē uz provokācijām un šokējošām ziņām.

Pamazām tiek ieviests ierosinājums, kas ļautu komentārus pievienot tikai reģistrētiem lietotājiem, bet ja ņemam vērā Igaunijas pieredzi* kuri ieguva ne to efektu, kuru vēlējās, tad varbūt tā nemaz nav tik laba doma. Šobrīd Latvijā aktivizējusies kustība par drošu internetu un izveidota interneta adrese, kur var ziņot par dažādiem pārkāpumiem pasaules tīmeklī.[75]

Nenoliedzami, ka internetu visbiežāk izmanto jaunatne, lai socializētos un apmainītos viedokļiem. Mūsdienās jauniešiem ir vairāk iespēju, kur sevi izpaust, bet palielinās arī deviances risks. Bērniem un jauniešiem rupji komentāri ir kā sacensības – kurš izteiksies rupjāk. Nepiekrītu uzskatam, ka jaunieši ir nākotne, jo tas nozīmē

---

[73] Eirovīzija šogad izmaksāšot 42 miljonus ASV dolāru. [Skatīts 2009, 6. maijs] Pieejams: http://www.tvnet.lv/izklaide/fun/news/article.php?id=539511

* 13 gadīga meitene Megana Meijere izdara pašnāvību, pēc tā kad viņu publiski apsaukā internetā. Vainojams virtuālais viltus draugs Džošs, kurā viņa iemīlējās, bet profilu izveidoja klasesbiedrene, lai uzzinātu vai Megana izplata par viņu baumas.

[74] Džonsa, Tamāra. Dzīve un nāve internetā. *Sestdiena.* 2008. 19. – 25. janvāris, 28. lpp.

* viņiem tas neizdevās, jo strauji samazinājās komentāru skaits.

[75] Ziņo par pārkāpumiem internetā! [Skatīts 2009, 19. martā] Pieejams: http://netsafe.lv/pub/report.php?id=2&lang=lat

33

pieņēmumu, ka viņiem tagadnē nav reālu alternatīvu. Vienmēr pastāv izvēle, ikviens var komunicēt reālajā pasaulē vai virtuālajā telpā.

Anonīmajā aptaujā par virtuālo komunikāciju, jaunieši atklāti atzina, ka mēdz rakstīt rupjības un negatīvas atsauksmes. Lūk, dažas atbildes uz jautājumu: *"Vai Tu esi rakstījis/rakstījusi negatīvus komentārus? Kādu aizvainojis/aizvainojusi internetā?"*

Henky: "Jā, tas pēdējā laikā ir youtube, prieka pēc arī kur citur esmu pasmējies par kādu."[76]

Gnom112: "Nu par aizvainošanu nezinu, bet negatīvus komentārus daudz esmu rakstījis- pārak daudz kas mani neapmierina :)"[77]

Leopardsbmw (ar nejaušības rezultātā radušos segvārdu) atzīstas:"Tikai portālā www.antireklāma.lv par sliktu apaklpošanu kafejnīcās vai restorānos."[78]

Noteikti jāņem vērā, ka aiz dažādiem segvārdiem varētu slēpties viena un tā pati persona, jo tas palīdz radīt ilūziju par savu uzskatu atbalstītāju skaitu, savukārt citiem diskusijas dalībniekiem un komentāru lasītājiem tiek radīts iespaids, ka šādi uzskati ir vispār pieņemti un akceptēti sabiedrībā.

Atsevišķas pieminēšanas vērti ir fotogrāfiju novērtējumi dažādos socializēšanās portālos. Interesants fakts, ka daudzos portālos lietotājus un vērtētājus (bildēm, rakstiem) iedala pēc vērtēšanas tipiem, jo tas atkarīgs no cilvēka rakstura. Tie kas pieraduši likt sliktus vērtējumus to dara vienmēr un izceļas ar kritiku. Šādus cilvēkus dažkārt dēvē par "pesimistiem" vai "kritiķiem" vai kā citādi. Ņemšu paraugu no socializēšanās portāla www.face.lv, lai parādītu šī portāla vērtētāju iedalījumu (skat tabulu)[79].

---

[76] Henky, 22. anketa. 2009. gada 16. martā.
[77] Gnom112, 10. anketa. 2009. gada 16. martā.
[78] Leopardsbmw, 5. anketa. 2009. gada 15. martā.
[79] Vērtēšanas stils. [Skatīts 2009, 6. maijs] Pieejams:http://www.face.lv/styles.php

tips	piezīme
guļošā skaistule	Saņēmi viņa vērtējumu? :)
pasīvais vērtētājs	Uzkrāj bonus punktus - iespējams, ka viņš pat nepaskatījās uz tavu bildi.
radikālis	Konkurentiem un ienaidniekiem liek zemu vērtējumu, pārējiem - 5. Vājais.
kritiķis	Daudzus par zemu novērtē - nav objektīvs.
divnieku mīļotājs	Mīļākā atzīme - 2. Nav objektīvs.
trijnieku mīļotājs	Populārākā atzīme - 3. Nav objektīvs.
četrnieku mīļotājs	Visiem liek četriniekus. Nav objektīvs.
divsistēmu adepts	Izvēlējies divas atzīmes un izmanto tikai tās. Nav objektīvs.
veselais optimists	Neskatoties uz savu optimismu, vērte diezgan objektīvi.
reālistisks vērtētajs	Vērtē ļoti objektīvi.
godīgs pesimists	Neskatoties uz savu pesimismu, vērte diezgan objektīvi.
lietotājs bez fotogrāfijas	Savas fotogrāfijas nav, tāpēc nevar vērtēt.

Lūk, arī daži komentāri fotogrāfijām portālā www.oho.lv

lirica: drausmas gobu ielā:D -6=0

baitina : fuu...neieredzu sitos pontotajus:(

baitina: Komentārs: pretigs ģimis:D

Kā redzam piemērā, *baitiņu* mēs varam iedalīt pie kritiķiem, jo viņas negatīvisms atkārtojās vēl vairākos komentāros, ko neesmu šeit norādījusi.

Interesanta parādība, ka negatīvi komentāri tiek arī rakstīti, neslēpjot identitāti. Domāju, ka tā viņiem ir iespēja sevi parādīt, izcelties starp tūkstošiem – kaut negatīvā veidā. Jaunieši grib būt populāri vienaudžu vidū. Tā ir iespēja iekarot savu vietu un parādīt – es esmu kaut kas!

Pilnībā piekrītu teicienam, ka *"nav daudz asinis izlietas vārdu karos, bet neviens arī nav tajos uzvarējis!"*[80]

---

[80] Lambert, Steve; Walt Howe. *Internet Basics: your Online Access to the Global Electronics Superhighway.* New York: Random House, 1993, p. 308.

35

3. IDENTITĀTE

Dažkārt es mēdzu aizdomāties vai mēs esam kaut kas vairāk par nebeidzamām garstāvokļu vētrām, atmiņu krātuvēm, sajūtu un domu ģeneratoriem. Kas to visu satur kopā? Katrs mēs esam personība ar atšķirīgām vēlmēm un izvēlēm, tādēļ ikvienam cilvēkam dzīvē ir vairākas *identitātes*, ko reizēm dēvē arī par lomām, kuras paši mēs izvēlamies.

Vārdnīca jēdzienam *identitāte* piešķir trīs nozīmes–

"1. sevišķums, savdabīgums – īpašība vai stāvoklis.

2. pilnīga atbilstība; pilnīgs līdzīgums; pilnīga vienādība.

3. tas, pie kādām sociālajām grupām cilvēks apzinās sevi piederam."[81]

Tātad identitāti var saprast kā fiziskās personas datu un tai piemītošo fizisko īpašību un rādītāju kopumu, kas ļauj precīzi atšķirt kādu fizisko personu no citas fiziskās personas. Vai arī tas ir kaut kas, pēc kā cilvēks apzinās sevi kā piederīgu kādai sabiedrības vai īpašību grupai.

Savukārt Eriks Eriksons uzskata, ka identitāte ir sava ES stabilitātes apziņa, neraugoties uz dzīves mainību.[82]

Identitāti var iedalīt divās lielās grupās:

1) *Personiskā identitāte* – kā jūties pats.

2) *Sociālā identitāte* – kur jūties piederīgs.

Sociālā identitāte var būt arī iedomāta, tātad neeksistējoša. Turklāt cilvēks vienmēr grib piederēt pie kādas grupas, kas ir augstākā statusā, lai sevi nenoniecinātu. Indivīds pielāgojas uzvedības normām, kas ir grupā, kuru viņš ir izvēlējies. Kad cilvēks sāk apzināties savu piederību kādai sociālai grupai, viņš apzināti sāk domāt kategorijā, kurā viņš sevi uztver. Piemēram, kad sieviete sāk apzināties savu sievišķību, viņa sāk domāt

---

[81] *Svešvārdu vārdnīca.* Jura Baldunčika redakcijā. Rīga: Jumava, 1999, 294. lpp.

[82] Renģe, Viesturs. *Sociālā psiholoģija.* Rīga: Zvaigzne ABC, 2002, 24. lpp.

kategorijā mēs – sievietes. Šādā gadījumā viņa akcentē sevī tās īpašības, kas ir kopīgas ar citām sievietēm, bet ignorē tās iezīmes, kas varētu būt kopīgas ar pretējo grupu, šajā gadījumā vīriešiem. Bez *personiskās* un *sociālās* identitātes atklājas arī *cilvēka jeb personības identitāte*, kas apvieno abas iepriekš minētās. Personības identitāte būtībā ir visplašākā, bet arī visseklākā, jo ietver tikai to *kā ir būt cilvēkam* un *kā sadzīvot ar citiem cilvēkiem.*[83]

Jebkuros apstākļos indivīdam piemīt dažādas lomas. Gan materiālā pasaulē personām piemīt dažādas identitātes situācijas (indivīds kā vīrs, priekšnieks, tēvs, padotais, dēls, draugs, audzinātājs, māceklis), gan virtuālajā vidē lietotājiem piemīt dažādas identitātes dažādās apakšvidēs.

Raugoties no socioloģiskā viedokļa, jāpiekrīt faktam, ka visas identitātes ir izveidotas mākslīgi, viss ir atkarīgs tikai no tā, kas to ir izdarījis, kā un kādam mērķim.[84] Šim viedoklim piekrīt arī pētnieks Džozefs Deivis, kurš uzskata, ka identitāte un subjektivitāte ir nesaraujami jēdzieni.[85]

Manfords Kūns ir izstrādājis 20 apgalvojumu testu, kas palīdz iedalīt cilvēka dažādās identitātes:

"1)fiziskais Es – (piem., es esmu – muskuļains, zilacains)

2)sociālais Es – (piem., es esmu – students, viceprezidents)

3)reflektīvais Es – (piem., es esmu – priecīgs, skaudīgs, netolerants)

4) "okeāniskais" Es – vispārīgi apgalvojumi, kas neatšķir cilvēku vienu no otra. (piem., es esmu – zīdītājs, cilvēks)"[86]

---

[83] Parekh, Bhikhu. *A New Politics of Identity: Political Principles for an interdependent World.* New York: Palgrave Macmillan, 2008, p. 28.
[84] Castells, Mankel. *The Power of Identity: second edition.* Malden: Blackwell Publishing, 2004, p. 7.
[85] Davis, Joseph E. *Identity and Social Change.* New Brunswick: Transaction Publishers, 2000, p. 9.
[86] Renģe, Viesturs. *Sociālā psiholoģija.* Rīga: Zvaigzne ABC, 2002, 24. lpp.

Galvenokārt, ņemot vērā sociālos kritērijus, identitāte ir balstīta uz kultūras sastāvdaļām. Katram cilvēkam var būt vairākas identitātes un tās tiek lietotas atkarībā no tā, kādu lomu pieprasa sabiedrība.[87]

Sākotnēji identitātes veidošanu balstīja uz savstarpējām attiecībām, bet šobrīd uz masu kultūras vīziju.[88] Tomēr veids kā sabiedrībā "identificē indivīdu", vairāk vai mazāk veiksmīgi sakrīt ar veidu kā indivīds identificē sevi ar citiem.

Par augstāko identitātes simbolu var uzskatīt pasi, kas ir mūsu personiskās identitātes fiziskais pierādījums.

Pusaudžiem raksturīga atsvešināšanās un identitātes sajaukums, reizēm to dēvē par "identitātes krīzi", jo pusaudži paši vēl nevar izvēlēties, kurai grupai grib būt piederīgi. Pusaudzim, veidojot savu identitāti, ir ļoti nepieciešams piemērs, pēc kā to veidot, tādēļ neatrodot paraugu reālajā dzīvē, viņš to sāk meklēt virtuālajā vidē, kur var brīvi komunicēt ar jebkura vecuma un dzimuma cilvēkiem. Diemžēl pozitīvajam tūdaļ nāk klāt arī negatīvais – ņemot vērā tīklā valdošo anonimitāti, nav iespējams iegūt garantiju, ka tas vai cits modelis ir patiess;

Tādēļ izvēloties par paraugu nepatiesu modeli, realitātē var rasties grūtības piemēroties ar citiem indivīdiem.

Identitātes maiņa dod iespēju eksperimentēt un vingrināt domāšanu, bet vienlaikus rada arī briesmas zaudēt savas identitātes sajūtu, īpaši tas attiecas uz pusaudžu apziņu, kura tikai veidojas.

Līdzīgi notiek arī ar vecākās paaudzes trimdiniekiem, kuri vairs nezina, kurai valstij viņi ir vairāk piederīgi un kas ir viņu īstā dzimtene.[89]

Mūsdienu jauniešu kustības vairāk koncentrētas uz savas identitātes veidošanu, nevis kā agrāk – uz izmaiņu veicināšanu. Indivīda atbildības palielināšanās ir vispārējs

---

[87] Castells, Mankel. *The Power of Identity: second edition*. Malden: Blackwell Publishing, 2004, p. 6.

[88] Davis, Joseph E. *Identity and Social Change*. New Brunswick: Transaction Publishers, 2000, p. 115.

[89] Bela, Baiba. Dzīve globālā pasaulē. Kristiana Lībane – Šķēle (sast.) *Sarunas VIII*. Rīga: Jaunā akadēmija, 2007, 42. lpp.

sociāls process. Vairāk izceļ individuālos sasniegumus[90], piemēram, apbalvojumi skolās par sasniegumiem.

Tiek veidoti arī dažādi virtuālie projekti, kas ir saistīti ar identitātes maiņu, piemēram, Hisa Bantinga projekts *"Identity swap"*– cilvēku identitātes apmaiņas projekts. Saprogrammēta datu bāze, kuru cilvēki var papildināt, aizpildot interneta anketu un iesniedzot savu fotogrāfiju. Galvenā doma šim projektam - ja atrodas līdzīgi cilvēki ar vēlēšanos apmainīties dzīvesvietām, tad viņi apmainās arī ar pasēm un īsu brīdi padzīvo citā vietā. Tam pamatā Rietumeiropas nelegalās organizācijas, kuras pelna naudu parvietojot emigrantus no Āzijas valstīm uz Rietumeiropu – emigrantiem pārdod jaunu identitāti – viltotas pases un citus nepieciešamos dokumentus.[91]

Globālā tīmekļa sabiedrībai parādījies jauns identitātes pierādījuma veids, kuru var atzīt arī par savu fiksēto eksistences veidu, kamēr vien tā tiek regulāri atjaunota.[92]

---

[90] Rungule, Ritma; Ilze Koroļeva; Sigita Sniķere. Jauniešu iekļaušanās analīze identitātes un līdzdalības diskursu kontekstā. Leo Dribins (sast.) *Sabiedrības integrācijas tendences un prettendences. Latvijas un Igaunijas pieredze. Etnisko attiecību aspects: Rakstu krājums.* Rīga: Latvijas Universitāte, 2008, 38. lpp.
[91] Šmits, Raitis; Šmita Rasa. Elektroniskie mediji. Helēna Demakova (sast.) *Sarunas.* Rīga: Jaunā akadēmija, 2000, 195. lpp.
[92] Bards, Aleksandrs; Jāns Sēderkvists. *Netokrātija.* Rīga: Jumava, 2005, 147. lpp.

3.1. Identitātes nozīme un veidi mūsdienu sabiedrībā

Pirms daudziem gadiem viss bija vienkārši, mūsu identitāti noteica ģimene, kurā mēs piedzimām un mūsu pozīcija pret šo ģimeni. Ar tehnisko un informācijas revolūciju, cilvēkam radās iespēja izrādīt savu iniciatīvu un ambīcijas. Pēkšņi cilvēkiem radās viņu pašu radītie dzīves stāsti, cilvēki paši varēja veidot savu dzīvi. Šodien ārējā pasaule ir tik pārpildīta, ka tā apdraud mūsu iekšējo pasauli, mēs tiekam nospiesti, jo visa kā ir par daudz.

Šobrīd mēs vairs nezinām vai arī vairs nespējam apzināties, vai vienkārši vairs nevaram apzināties, kur ir mūsu personiskā robeža, jo mūsu personiskā un intīmā informācija ir brīvi pieejama internetā. Mēs vairs nekontrolējam sevi, mēs esam savas robežas nojaukuši un pamazām saplūstam vienotā identitātē. Visus cilvēkus ir iespējams atrast globālajā tīmeklī, bet iespējas tikai palielinās, jo, zinot kaut informācijas druskas, par mums var uzzināt arī visu pārējo.

Šajā nodaļā vairāk veltīšu uzmanību situācijai tieši Latvijā, jo tā man ir saprotamāka vide.

No 16 identitātes pazīmēm faktoranalīzes rezultātā tika iegūti 4 faktori jeb identitātes dimensijas:

"1.Nacionālā un etniski latviskā identitāte – valsts, Eiropas Savienība.

2.Individuālā dominante – ģimene, draugi, skola.

3.Teritoriālā un korporatīvā identitāte - dzīvesvieta un darbs.

4. Etniski krieviskā/citu etnisko minoritāšu identitāte."[93]

---

[93] Rungule, Ritma; Ilze Koroļeva; Sigita Sniķere. Jauniešu iekļaušanās analīze identitātes un līdzdalības diskursu kontekstā. Leo Dribins (sast.) *Sabiedrības integrācijas tendences un prettendences. Latvijas un Igaunijas pieredze. Etnisko attiecību aspekts: Rakstu krājums.* Rīga: Latvijas Universitāte, 2008, 50. lpp.

Nedaudz pievērsīšos dažām no identitātēm, jo visas nav iespējams raksturot, tās ir bezgalīgi daudz. Vēlētos sākt ar nacionālo un etnisko identitāti. Patiesībā bieži vien šos abus jēdzienus jauc vai apvieno, lai gan ir dažas atšķirības.

Nacionālā identitāte

Nacionālā identitāte saistās ar piederību valstij, tās kultūrai un vērtībām. Kā piemēru raksturošu Latviju. Latvijas kultūra ir veidojusies divu spēcīgu strāvu ietekmē. No vienas puses, tas ir tradicionālais pasaules uzskats, kas radies ciešā saskarē ar dabu, cilvēka darbu un atspoguļots folklorā un tautas mākslas mantojumā. No otras puses, mums kā multikulturālai zemei ļoti nozīmīgs ir visas Eiropas kultūras kopīgais avots — kristietība. Sapratne par valsti notiek divos līmeņos, viens ir kā Latvijas valsti saprot tās iedzīvotāji, bet otrs – kā to redz ārpus tās dzīvojošie. Protams, šīs izpratnes ir atšķirīgas, tādēļ arī nacionālo identitāti katrs cilvēks sapratīs pēc savu zināšanu līmeņa. Manuprāt, valsts iekšienē nacionālo identitāti visbiežāk saskatam kā Latvijas kultūras izpausmes, sporta sasniegumus un dabas jaukumus.

Nacionālā identitāte ietver sevī arī citas identitātes: piederību dzimumam, dzīves telpai, šķirai, reliģijai, etnosam. Piemēram, nabadzīgā, bagātā un vidējā slāņa iedzīvotājam, katram būs savs viedoklis par valsti, kurā viņi dzīvo, turklāt visticamāk krasi atšķirīgs. Nacionālo identitāti spēcīgi ietekmē vēsturiskie apstākļi, kādos valsts ir veidojusies. Daudzie apspiestības gadi un citu tautu kultūru piejaukums, nav ļāvis pilnībā attīstīties tautas nacionālajai pašapziņai un lepnumam. Tādēļ varu apgalvot, ka Latvijā latviešus un cittautiešus vienojošā sakne ir teritoriālā piederība. Iedzīvotājiem Latvijā savas dzimtenes un tēvzemes izjūta ir spēcīgāka par savas valsts, lai gan brīžos, kad Latviju dēvē par "vienu no Baltijas valstīm", atmostas valstiskuma jūtas un vēlme būt tieši *latviešiem* nevis *baltiešiem*. Bez nacionālās identitātes pārstāvjiem, kas tomēr lepojas ar savu valsti, arvien vairāk uzrodas kosmopolīti jeb *pasaules pilsoņi*, kuri visur jūtas labi un vairs negrib strikti identificēties ar noteiktu valsti. Šiem cilvēkiem, kas jūtas piederīgi dažādām valstīm nacionālā karoga pacelšana ir visspilgtākais vulgaritātes un nelāgas gaumes piemērs.

Etniskā identitāte

Jaunieši atzīst, ka etnisko identitāti saista ar savas tautas pretnostatījumu citām tautām. Parasti šīs otras tautas vērtējums ir negatīvs. Tas rada grūtības mierīgai līdzās pastāvēšanai.[94] Latviskās identitātes obligātā sastāvdaļa ir valoda. Latvietis ir cilvēks, kurš brīvi, apzināti, radoši piekopj latviešu valodu kā savu pirmo valodu.[95]

Dzīvojot globālu pārmaiņu laikā, mums jāzina, kādas vērtības mēs noteikti nedrīkstam zaudēt, lai nevājinātu savu identitāti. Valstiskā līmenī latviešu valodas aizsardzība ir nostiprināta Latvijas valsts Satversmē un nemitīgi tiek domāts par latviešu valodas nozīmības palielināšanos ikdienišķajā apritē.

Īpaša, grūti definējama identitātes izpausme ir brīvības un neatkarības alkas, kuru piepildījuma brīžos tauta ir neticami emocionāli piepildīta un vienota. Etniskajās attiecībās svarīga ir iedzīvotāju vienotības apziņa, morāli psiholoģiskā tuvība. Tāpēc aktuāla ir tēma par identitātēm indivīda un sabiedrības dzīvē. Identitātes ir dažādas. Tās krustojas, pārklājas, konkurē, pat konfliktē, viena otru izspiež, pieklusina vai pastiprina. Etnosa, tautas identitāte izpaužas tā kopīgās attiecībās ar zemi, valodu, mākslu, ticību – kā dzīves reglamentu, tikumību, paražām. Latvieši bieži kautrējas no savas tautības vai arī tieši otrādi – ir iedomīgi uz to, it kā piederība pie tās būtu viņu nopelns, un tajā pašā laikā savu valodu un apziņu piesārņo ar jēdzieniem, ko aizguvuši no citām valodām.

Reliģija

Reliģijas nozīmi mūsdienu sabiedrībā apliecina arī Frānsisa Bēkona teiktais, ka reliģija ir galvenais spēks, kas saista cilvēku un sabiedrību.[96] Tas saista dažādus sabiedrības slāņus.

---

[94] Rungule, Ritma (zin.red.) *Jauniešu identitātes veidošanās un līdzdalība: pētījuma pārskats 2005.* Rīga: Latvijas Universitātes Filozofijas un socioloģijas institūts, 2005, 47. lpp.
[95] Bendiks, Mārcis. Kas ir latviskā identitāte? Helēna Demakova (sast.) *Sarunas.* Rīga: Jaunā akadēmija, 2000, 47. lpp.
[96] Vilks, Andrejs. *Deviantoloģija: mācība par uzvedības sociālajām novirzēm.* Rīga: Tiesu namu aģentūra, 2001, 278. lpp.

42

Laika ne nozīmības, ziņā pirmais no Eiropu pārstāvošiem elementiem ir kristietība. Cilvēka individualitātes tiesības uz esamību brīvībā pamatotas kristietībā. Visi cilvēki pēc vērtības ir vienlīdzīgi, kur ikviena vērtība nav izsakāma.[97]

Mums vērīgi jālūkojas, vai pati Eiropa atbilst kristietības, brīvību un tiesību vienlīdzības, cilvēka, dabas un sabiedrības organiskas vienības principiem, kas ir tās kultūras pamatos. Pastiprinās atsvešināšanās process, vairojas pilsoniskā pasivitāte.[98]

Ikviens indivīds var izvēlēties savu reliģisko piederību, tas ir pozitīvi, bet vienlaikus šīm dažādajām reliģiskajām identitātēm jāsadzīvo.[99]

Identitātes var iedalīt cik vien sīkās vienībās vēlas, tādēļ pretēji iepriekš aplūkotajām lielajām grupām vēlos raksturot kādu mazāku.

Dzimums

Dzimums ietekmē mūsu izturēšanos un domāšanas modeli, tādēļ ir svarīgi arī vispār pieņemtie uzskati par dzimumu lomu sabiedrībā

Dzimumu iedala sievietēs un vīriešos, bet es kā paraugu raksturošu sievietes.

Sieviešu loma sabiedrībā mainās līdz ar vēsturisko periodu un kultūru, kurās tas dzīvo. Mūsdienās sievietes ir ieguvušas līdzvērtīgas tiesības ar vīriešiem, bet joprojām ne visur tās tiek ievērotas. Pirmā pieredze saskarsmē ar sievieti un priekštati kādai tai jābūt, rodas komunicējot ar savu māti.

Tas, kā ar savu sievietes identitāti dzīvo māte, atstāj dziļu iespaidu abu dzimumu psihē un bieži pat neapzināti kļūst par galveno sievietes identitātes izpratnes un vērtējuma avotu vēlākajos gados. Sievietes identitāte mūsdienās tiek nivelēta tikai līdz seksualitātei un bērnu radīšanai. Pretēji vispārpieņemtajam uzskatam, seksualitāti ar

---

[97] Zubovs, Andrejs. Eiropas identitātes garīguma, civilizācijas un kultūras pamati. Kristiana Lībane – Šķēle (sast.) *Sarunas VII*. Rīga: Jaunā akadēmija, 2006, 106. lpp.
[98] Turpat, 117. lpp.
[99] Bela, Baiba. Dzīve globālā pasaulē. Kristiana Lībane – Šķēle (sast.) *Sarunas VIII*. Rīga: Jaunā akadēmija, 2007, 38. lpp

savu identitāti visvairāk saista sievietes pašas. Apzināti vai neapzināti tā tiek likta par pamatu veiksmīgām attiecībām un karjerai, līdz ar to arī īpaši kopta.[100] Vīrieši un daudzos gadījumos arī pašas sievietes saista savu identitāti ar šķietamu dzimuma otršķirību un vīrieša varu visās jomās, izņemot bērnu radīšanu un audzināšanu. Tomēr pamazām tiek vairāk respektētas sieviešu tiesības, pateicoties feminisma kustībām, kas iestājas arī par vienlīdzīgu darba atalgojumu abiem dzimumiem.

Identitātes iedalījumu šoreiz vēlētos noslēgt ar stāstu par jaunu sievieti Agnesi Krivaldi, kura zaudē ticību cilvēkiem un sāk ticēt neeksistējošiem tēliem. Viņas pašas dzīve saplūdusi ar virtuālo indentitāti un viņu māc šaubas, vai tās vispār ir iespējams nodalīt. Agnese internetā ir radījusi septiņas atšķirīgas virtuālās identitātes, izmanto100 dažādus interneta segvārdus, sešas e-pastkastītes, arī dzīve ir saistīta ar ilūziju pasauli, jo raksta dzejoļus un stāstus.[101]

Tas nozīmē, ka katrs mēs varam izvēlēties cik un kāds identitātes izveidot visas mūsu dzīves laikā.

[100] Purēna, Dace. Ievas identitāte – prom vai uz Ēdenes dārzu. [Skatīts 2009, 5. maijā] Pieejams: http://www.psihologijaspasaule.lv/raksti.php?id=376&show=902&act=read
[101] Krivade, Agnese. Sauksim to par Frīdvaldu. [Skatīts 2009, 8. maijā] Pieejams: http://www.satori.lv/raksts/348/Agnese_Krivade/Sauksim_to_par_Fridvaldu

3.2. Identitātes slēpšanas paņēmieni virtuālajā telpā

Pusaudži - aiz ziņkāres un dažkārt pat slimīgi – ir norūpējušies par to, kā viņus uztvers apkārtējie, nevis kādi viņi patiešām jūtas; tāpat viņus satrauc arī jautājums, kā agrāk piekoptās lomas un prasmes saistās ar prototipiem, kurus modernā jaunatne uzskata par saviem ideāliem.

Pētījums pierāda, ka 50% interneta lietotāju melo par savu fizisko izskatu. Ir gadījumi, kad "kiberprincis" var izrādīties "virtuālā varde". Nevar sajusties kā īstā *randiņā*, ja patiesībā tu esi iesaistīts narcistiskā procesā, kurā esi iemīlējies pats sevī un nevari atrast ideālo partneri. *Miesas tirgus* – virtuālajā vidē bieži vien cilvēki meklē savu ideālo partneri, vien pāršķirstot simtiem fotogrāfiju, nepievēršot uzmanību citai informācijai par konkrēto personu. Var saņemt simtiem vēstuļu ar šķietamu interesi, bet patiesībā tā ir laimes spēle, atbildēs vai nē.[102]

Runājot par identitātēm, tās veidojas tikai attiecībā pret citām identitātēm. Apstākļiem mainoties, definīcijas *„par to kādam man vajadzētu būt, lai citiem patiktu"* vajag pastāvīgi pārbaudīt.[103] Tas kā es sevi redzu bieži atkarīgs no veida, kā es redzu sevi, ņemot vērā citu interpretācijas jeb veidu kā mani redz citi.[104] Indivīdi konstruē savu identitāti, atbildot uz reklāmu un masu mediju vēstījumiem.

Virtuālajā vidē ieguvēji būs tie cilvēki, kuri spēs izteikties pietiekami saistoši un visticamāk – tās būs intriģējošas frāzes, humors, neparasti vai pat alternatīvi viedokļi. Ņemot vērā pateikto, pārējiem komunikācijas partneriem tā vai citādi veidosies tēls, kuru viņi saistīs ar attiecīgo personu, ja vien nebūs iespēja sevi kaut kādā veidā vizualizēt. Ja tiek piedāvāta iespēja izvēlēties izskatu, tad to var darīt, atbilstoši tā mirkļa vai arī dziļākām vēlmēm, bet tas nevienmēr atspoguļo personas patieso būtību.

---

[102] Greenfield, Dave. Digital Dating: The Malt Shop of the Millennium. [Skatīts 2009, 28. apr.] Pieejams: http://www.virtual-addiction.com/a_digitaldating.htm
[103] Bards, Aleksandrs; Jāns Sēderkvists. *Netokrātija*. Rīga: Jumava, 2005, 26. lpp.
[104] Matthews, Steve. Identity and Information Technology. Jeroen Van den Hoven and John Weckert (Ed.) *Information Technology and Moral Philosophy*. New York: Cambridge University Press, 2008, p. 144.

45

Iespējams, ka tas, kā izskatās un izturas virtuālais tēls, ir cilvēka paša dziļāko vēlmju izpaudums un savdabīga nepiepildītu vēlmju kompensācija.[105]

Tādejādi par paliekošas identitātes aizbildņiem var iedibināt patstāvīgus ideālus vai elkus. Interneta lietotāji neuzticas profilos sniegtajai informācijai un arī paši melo. Lūk, daži viedokļi.

utiņš: „Uz saviem 40% jā neuzticos, tāpēc katrai sniegtajai informācijai mēģinu atrast tos patiesos 40% un tas padara šo komunikāciju jo interesantāku!"[106]

Kriksis."Atkarībā kādai. Ja lasu par darba vietu, skolu vai tml., tad uzticos un pieņemu to par patiesu.Ja lasu par rakstura īpašībām, tad to varu tikai pieņemt. Reāli tam uzticētos, ja cilvēku būtu saticis dzīvē."[107]

Rududuuu: „Daļēji. Sākumā varbūt uzreiz nē, bet vēlāk kad saproti ar ko komunicē tad jā. Bet ja arī nestāstu taisnību, tad ne jau par nopietnām lietām, par sīkumiem."[108]

lazy: „Agrāk internetā varēja parunāties ar cilvēkiem kuri mani nepazīst, kādu apmuļķot u.t.t.aku daļu taisnības, bet bieži arī meloju. lai slēptu patieso būtību. Nav taču svešiem par mani daudz nekas jazin!!!"[109]

Portālā www. kisa.lv ir iespēja apstiprināt profila patiesumu, izpildot saita administrācijas noteikumus. Pie patiesiem profiliem parādās atzīme, ka profils ir pārbaudīts. Diemžēl, tas apstiprina fotogrāfiju patiesumu, bet nepierāda, ka profila lietotāja sniegtai informācijai var ticēt.

---

[105] Lapiņa, Kristiāna. Atvainojiet, jūsu pasaule šodien ir slēgta. [Skatīts 2009, 29. apr.] Pieejams: http://www.psihologijaspasaule.lv/raksti.php?id=283&show=803&act=read
[106] utiņš, 41. anketa. 2009. gada 20. martā.
[107] Kriksis, 14. anketa. 2009. gada 16. martā
[108] Rududuuu, 3. anketa. 2009. gada 15. martā.
[109] lazy, 25. anketa. 2009. gada 18. martā.

Virtuālajā realitātē katrs var sevi parādīt:

- Atbilstošu realitātei – tādu kā ir.
- Pilnīgi pretēju realitātei.
- Tādu, kā vēlētos būt.

Apskatīšu šādas identitātes pazīmes:

- segvārds;
- vecums;
- fiziskie parametri;
- fotogrāfija/attēls/animācija;
- dzimums;
- vieta/valsts/reģions;
- valoda;
- nodarbošanās;

Aprakstīšu nosauktās identitātes pazīmes un to lietojumu virtuālajā telpā, koncentrējoties uz segvārdu, jo šis ir visizplatītākais veids, kā slēpt savu personību vai nodod vēsti pārējiem portāla lietotājiem.

Segvārds

Cilvēka vārds ir daļa no viņa identitātes, tomēr vārdu sev neizvēlas pats indivīds, to parasti dara vecāki, vecvecāki vai kāds cits. Virtuālā pasaule piedāvā izvēlēties savu segvārdu, turklāt tos mainīt cik bieži vēlas. Segvārds ir izpausme, cilvēks grib, lai tas kaut ko nozīmētu, piesaistītu uzmanību, izceltos, patiktu pašam un parasti arī citiem, nereti arī kādam vienam konkrētam cilvēkam. Vārds ir arī tēla daļa. To mainot, iespējams pievērst uzmanību, izveidot piesaistošu tēlu, imidžu. Segvārds dod iespēju mainīties, būt dažādam, neapnikt, kā arī izmēģināt dažādas uzvedības formas, iejusties cita vietā.[110]

Vairākiem interneta lietotājiem jautāju, kādēļ viņi izvēlējās tieši tādus segvārdus, kādi viņiem pašreiz ir. Šeit būs dažas atbildes. **GAZ24**: „Nesen nopirku tādu auto un kā lai vēl skaidrāk retro auto forumā pasaka, ka man tāds ir."[111]

Princesite :) „Tas ir mans topoša virina milvardins man nu jau 5 gadus. Un smaidiņu pielieku klat- jo pec dabas esmu optimistiks cilveks, patik justices omuligi un citiem sagadat prieku."[112]

Espina: „No spaanu valodas tas tulkojas kaa eerkskis. Tas vairaak vai mazaak raksturo mani, taapeec ka paaraak tuvu sev klaat nevienu nelaizu."[113]

Segvārdus var iedalīt pēc saistības ar:

- īsto vārdu/uzvārdu;
- interesēm/hobijiem/vaļaspriekiem;
- rakstura īpašībām;
- fiziskā izskata iezīmēm;
- vecumu;
- valsti/vietu;
- grupām/ aktieriem/ autoritātēm;
- nejaušību, piemēram, ciparu kombinācija;
- skaņu atdarināšanu;
- provokāciju;

---

[110] Krasnā, Lelde. Niks – otrs Es? [Skatīts 2009, 29. apr.] Pieejams: http://www.dialogi.lv/article.php?id=427&t=0&rub=9
[111] GAZ24, 24. anketa. 2009. gada 18. martā.
[112] Princesite :), 27. anketa. 2009. gada 18. martā.
[113] Espina, 36. anketa. 2009. gada 20. martā.

48

Parādīšu segvārdu piemērus no dažādiem socializēšanās portāliem, bet jāņem vērā, ka tā ir mana interpretācija par piederību pie kādas grupas, jo patiesos iemeslus nav iespējams uzzināt.

Segvārdi saistībā ar īsto vārdu vai uzvārdu - sanitinja, olivija, vladimirs, ozolinsh, aggy43, валентина, samant, tom33;

Segvārdi saistībā ar interesēm/hobijiem/vaļaspriekiem - crazy_dancer, musickl, ekstremiste, basketballer, pastaiga;

Segvārdi saistībā ar rakstura īpašībām - Niceman, kautrigais_engelis, VISgudrakais, sauljuka, mainiigaa, Sweet_n_Wild, feins, нежная, psihais;

Segvārdi saistībā ar fiziskā izskata iezīmēm - Garais21_, mazinaijs, Sexyboy, thehottest, SmukulisNr1, skinheads, krasavec;

Segvārdi saistībā ar vecumu - eviss44, ivis27, logan16;

Segvārdi saistībā ar valsti/vietu - Russia, lisabona, zorba_the_greek;

Segvārdi saistībā ar grupām/ aktieriem/autoritātēm – artoss, alsu, indianajones, DONZUAN; limpbizkit;

Segvārdi saistībā ar nejaušību - zklzzzz, mykys, 11111, r001, rik99999;

Segvārdi saistībā ar skaņu atdarināšanu – aaaaa, aww, beee;

Segvārdi saistībā ar provokāciju - sukatajs, sexdrugs, neatsaku, amantakas, Pat_NEDOMA, Tavabauda, AKMENS_SIENA, esmucitta, vissbuus;

Segvārdus reizēm lieto nepieciešamības spiesti, piemēram, lai darba devējs neatklātu ar ko darbinieks nodarbojas darba laikā. Esmu novērojusi, ka gados vecāki cilvēki parasti reģistrējas ar atvasinājumiem no saviem vārdiem un vecuma.Toties meitenēm vārdi lielākoties atspoguļo īpašības - ļoti mīļi, piesaistoši galvenokārt deminutīvu formā.

Reizēm cilvēki cenšas kļūt populāri, bet zem segvārda - ar jaunu identitāti. Citi cilvēki atkal mēdz nozagt segvārdu, kas jau kļuvis par autoritāti un piesavināties viltus popularitāti.

Vecums

Portālā www. Faces.eu atļauts reģistrēties tikai līdz 80 gadiem, bet kā novēroju, šo vecuma robežu sasniedzis šobrīd tikai viens cilvēks. Atklāju arī kādu īpatnību – vecākiem cilvēkiem ir izveidoti profili ar dazādiem vecumiem un segvārdiem, bet foto viens un tas pats.

Socializēšanās portalos atļauts reģistrēties galvenokārt no 16 gadu vecuma, bet visbiežāk lietotāju vecums ir 20 – 30 gadu robežās.

Reģistrēto lietotāju vecums ir arī atkarīgs no portāla koncepcijas, piemēram, www.oho.lv bez iepazīšanās piedāvā arī papildus pakalpojumus, tādēļ tur publikai vidējais vecums ir augstāks.

Fiziskie parametri

Virtuālā vidē katrs var kļūt par ko vien vēlas, tādēļ arī brīvi mainīt savus ģenētiskos parametrus. Tomēr ir pilnīgi skaidrs, ka prasītā informācija netiek aizpildīta godīgi.

Mani ieinteresēja kāda prasība portālā www.kisa.lv, jo neraksturīgi citiem līdzīgiem saitiem, vīriešu profilinformācijā tiek lūgts norādīt arī dzimumlocekļa garumu, kas man nešķiet pietiekami ētiski, turklāt tur ir reģistrējušies arī nepilngadīgi jaunieši, kuriem var rasties kompleksi, ja šie parametri krasi atšķirsies. Protams, šī informācija nav obligāta, bet cik novēroju, vairums vīriešu to tomēr aizpilda.

Fotogrāfija/attēls/animācija

Vēl 1999.gadā globalais tīmeklis bija tekstu fenomens, apraksti krāšņāki, lai vieglāk varētu vizualizēt, jo nebija attēlu, bet attēls runā pats par sevi. Kad izveidoja attēlu, foto un animācijas, tie kļuva par galvenajiem, bet teksts tikai par fonu.[114] Katram indivīdam ir vairākas izvēles iespējas virtuālajā vidē. Viņš var paņemt savu patieso foto, ielikt attēlu, kas atbilst viņa būtībai, vai nozagt svešu attēlu kādā no internetā atrodamām vietnēm.

Dzimums

Lielākoties indivīdi norāda savu patieso dzimumu, lai nepazaudētu daļu no savas identitātes, tomēr virtuālo dzimumu maiņu izvēlas tie interneta lietotāji, kas vēlas provocēt, izmēģināt nebijušu tēlu, kādu pārbaudīt vai noziedzīgiem mērķiem.

Vieta/valsts/reģions

Šo sadaļu norāda, ja vēlas, lai citi lietotāji kādu vieglāk atrod, vai arī ja vēlas atrast draugus ar ko tikties reālajā pasaulē. Pēc valsts bieži arī spriež par tautību, bet tā var uzvedināt uz priekšstatu par cilvēka rakturu, ņemot vērā sabiedrībā valdošos stereotipus.

Valoda

Valoda ir nozīmīga, jo tā var veidot komunikācijas barjeru, ja to nesaprot. Personiskās identitātes slēpšanas sakarā ir savarīgi atzīmēt, ka reizēm interneta lietotāji mēdz izlikties par sveštautiešiem, lai izvilinātu kaut kādu informāciju, ko iespējams kāds neteiktu savam tautietim.

---

[114] Nakamura, Lisa. *Cybertypes: Race, Ethnicity and Identity on the Internet.* New York: RoutLedge, 2002, 33. lpp.

51

Nodarbošanās

Virtuālajā vidē katrs var iegūt savu sapņu profesiju, ko citādā gadījumā realitātē nekad neīstenotu. Cilvēkam ir iespēja pārlekt no patiesā sociālā statusa uz citu augstaku stāvokli, piemēram, no taksometra vadītāja kļūt par banķieri.

Pētījuma laikā nejaušiem interneta lietotājiem uzdevu jautājumu - *Ja Tev būtu jāizveido savs ideālais virtuālais tēls, kāds/kāda Tu būtu?* Uz kuru saņēmu šāda veida atbildes.

Sexiga: ,,Tāda pati, bet ar lielām skropstām"[115]

kriksiite: "Mistisks tēls, kas manam partnerim ļautu raisīties fantāzijai un viņš varētu mani iedomāties kā savu ideālo partneri ☐ Par cik man ir labas pielāgošanās spējas, domāju, ka varētu tāda beigās arī kļūt :P"[116]

Identitāti mēdz slēpt arī komerciāliem nolūkiem. Cilvēki sūta *spamu* no neeksistējošiem e-pasta kontiem. Ar to saistīts projekts – interneta lapa, ko veidojusi mākslinieku grupa un kuras var ļoti ātri radīt smalku aprakstu par izdomātu personas identitāti un izveidot tās privāto "mājaslapu". Tā bija atbilde uz to cik viegli internetā simulēt personas eksistenci.[117]

---

[115] Sexiga, 8. anketa. 2009. gada 15. martā.
[116] kriksiite, 59. anketa. 2009. gada 20. martā.
[117] Garančs, Jānis. Radošie projekti, izmantojot virtuālo realitāti un internetu. Helēna Demakova (sast.) *Sarunas V.* Rīga: Jaunā akadēmija, 2004, 269. lpp.

Nobeigums

Pētījumi rāda, ka bērni, kas izaugusi ciešā saskarē ar datoru un elektroniskajām rotaļlietām -psiholoģiskā, morālā, garīgā un pasaules skatījuma līmenī stipri atšķiras no bērniem, kas nav auguši šādos apstākļos. Japāņu profesors Maruama šos bērnus nosaucis par piekto paaudzi. Viņiem ir īpašs, atšķirīgs skatījums uz dzīvi un nāvi, uz cilvēku garīgumu un dzīvnieku pasauli. Nokļūstot dažādu tehnisko komunikāciju – telefons, fakss, dators, televizors – ietekmē, cilvēks pamazām izolējas no citiem indivīdiem. Sestajā paaudzē šīs problēmas var būt daudz nopietnākas nekā paaudžu nesaskaņas.[118]

Pieaugušie datorus neuzskata tikai par "zināšanu mašīnām", bet tie arī simbolizē nākotni. Vecāki uztraucas, ka bērni produktīvi neizmanto datoru potenciālu, lai uzkrātu zināšanas, bet iznieko laiku spēlējot spēles.[119] Toties bērni vairāk uztraucas par to, kā datori parāda viņu sociālo identitāti skolā. Datorus viņi izmanto socializējoties un citai izklaidei, lai vienaudžiem varētu pastāstīt par jaunākajām filmām vai mūziku, ko ielādējuši no interneta.

Paradokss – tehnoloģijas padarījušas informāciju daudz pieejamāku vairāk cilvēkiem nekā tas bijis iepriekšējos tūkstoš gadus cilvēces vēsturē. Bet tās pašas tehnoloģijas ir radījušas apstākļus, ka piekļuve šai informācijai ir daudz sarežģītāka,[120] jo ir liela informācijas pārbagātība.

Informācijas sabiedrību nevaram traktēt tikai kā tehnoloģiju un datoru sabiedrību, bet būtisks aspekts ir informācijas transformēšana zināšanās un gudrībā. Informācijas

---

[118] Sporāne, Baiba. *Informācijas sabiedrības teorijas aspekti: materiāli studijām*. Rīga : Latvijas Universitāte, 2002, 113. lpp

[119] Holloway, Sarah L.; Gill Valentine. *Cyberkids: Children in the Information Age*. London: RoutledgeFalmer, 2003, p. 156.

[120] Feather, John. *The Information Society: A study of continuity and change. Fifth edition*. London: Facet Publishing, 2008, p. 38.

sabiedrība jāizveido kā zināšanu sabiedrību. Informācijas sabiedrībai jāizmanto savas zināšanas, tādēļ kā atslēgas vārdi var būt iesaistīšanās un līdzdalība.[121]

Nepārtrauktā informācijas plūsma ir haotiska un nestrukturēta: to vajag izsijāt, sakārtot, interpretēt pēc atbilstoša pasaules skatījuma, lai tā būtu zināšanu, nevis sajukuma avots. Liela problēma ir tā, ka informācijas daudzums palielinās, bet uztvere un spēja tikt galā ar ienākošajiem impulsiem attīstās paredzētajā bioloģiskās evolūcijas lēnumā – tikpat kā nemanāmi. Daļēji tas ir ļoti noderīgi, ka internets ir pārsātināts ar informāciju. Dažu minūšu laikā var atrast atbildi uz jebkuru jautājumu. Un tūlīt rodas izvēles problēma. Par uzvarētāju kļūst nevis tas, kurš vairāk zina, bet tas, kurš zina kur atrast vajadzīgo informāciju. Interneta lietotāji ir ielekuši jaunā interneta informācijas apguves līmenī. It kā neko nezinu, tomēr, jebkurā mirklī atradīšu un zināšu. 80.gados internets kļuva piejams ikvienam – pirmie cilvēki, kas sāka pētīt šo virtuālo pasauli, bija tieši amerikāņu sabiedrības *autsaideri*: vientuļnieki vai atšķirīgo subkultūru dalībnieki, kas nejutās labi valdošajā kultūras gaisotnē. No šī mēs varam daudz ko izsecināt no kurienes radusies anonīmā kultūra, un kādi ir iemesli virtuālajiem kontaktiem.

Nav šaubu, ka internets ir nozīmīgs tehnikas sasniegums, bet nav arī nekāds noslēpums, ka tam ir arī liela psiholoģiska ietekme uz daudzu cilvēku dzīvēm.Vajadzētu sākt uztraukties par to, ka mūsdienās cilvēki vairāk pavada laika meklējot virtuālos kontaktus, nekā ar saviem ģimenes locekļiem. Strauji pieaugošā mobilitāte un ātrums sabiedrību ved pie pastiprinātas nepiederības sajūtas.

Vienmēr jāatceras, ka lietojot internetu jebkādiem mērķiem, jāapzinās, ka kādam ir iespējas novērot interneta lietotāja darbību, izpētīt šo personu un iegūto informāciju izmantot praktiski jebkādiem mērķiem. Interneta lietotāju anonimitāte ir pastarpināts jēdziens, viņu ir iespējams identificēt pēc datora IP adreses, ja vien viņš nelieto plaukstdatoru vai portatīvo datoru.

---

[121] Karnītis, Edvīns. *Informācijas sabiedrība – Latvijas iespējas un uzdrošināšanās*. Rīga: Pētergailis, 2004, 87. lpp.

Agrāk, kad vēl nepārzināja interneta piedāvātās iespējas, cilvēki godīgāk aizpildīja prasīto informāciju dažādās reģistrācijas formās, bet šobrīd tiek rakstītas muļķības, visu šo interneta komunikācijas pasākumu uztverot kā lielu spēli bez noteikumiem. Virtuālajā pasaulē var atrast savu ideālo partneri vai domubiedru, bet nekur nav teikts, ka tas būs īsts.

Tomēr ir arī labās lietas, komunikācija virtuālajā vidē palīdz atraisīties tik tālu, ka cilvēks kaut ko sevī uzlabo arī savā reālajā dzīvē. Atcerējos fragmentu no sarunas ar *uldiņu*, kurš jau 4 gadus komunicē tā sauktajā *IRCā* jeb *čata* vietnē. Cilvēks bijis visai īgns radījums, smaidīja reti, bet interneta komunikācijā bija nepieciešami līdzekļi, lai pastiprinātu teikto. Sākot lietot emociju ikoniņas jeb *smailijus, uldiņš* pierada komunicēt realitātē tādā pašā veidā kā virtuālajā pasaulē, kuru viņš uzskatīja par vienīgo pozitīvo lietu savā dzīvē. Citēšu viņa teikto: *,,Ja iepriekš man problēmas sagādāja pat atraisīta sasveicināšanās, ienākot darba vietā, tad tagad, nevilšus kopējot savas IRC`a manieres, es arī visus reālos cilvēkus sveicinu ar skaļu «labrīt», ko pavada plats smaids.''*[122]

Tomēr skumdina, ka reālās lietas tiek arvien vairāk virtualizētas - *virtuālie hokeja fani, virtuālais maajdzīvnieks, virtuālās olu kaujas, virtuālie ziedi un dāvanas...*

---

[122] Saruna ar *uldiņu*, 2009. 29. apr. Sarunas pieraksts glabājas V. Taubes personiskajā arhīvā.

Kopsavilkums

Virtuālā realitāte ir realitātes atdarinājums, kas saistās ar varbūtību un iespējamību. Visizplatītākais uzskats, ka tā tiek radīta ar datorlīdzekļu palīdzību.

Virtuālā telpa veic dažādas funkcijas – palīdz indivīdiem socializēties; piedāvā dažādas izklaides iespējas; atvieglo iepirkšanos un rēķinu apmaksu; palīdz profesiju apguvē, jo nodrošina mācību simulācijas; ļauj realizēt – mākslas, mūzikas, video un citus projektus.

Zinātnieki izgudro atrvien jaunas tehnoloģijas kas sapludina virtuālo telpu ar realitāti. Komunikācija internetā sāk aizvietot saskarsmi starp indivīdiem reālajā dzīvē. Lai arī virtuālajā komunikācijā nepastāv rakstīti likumi, jāattceras par vispārpieņemto tīkla etiķeti vai vēl tā tiek dēvēta par *netiķeti*.

Visbiežākais iemesls komunikācijai virtuālā pasaulē ir vēlme iegūt to, kas pietrūkst reālajā dzīvē, iegūt emocijas un izjūtas, kas realitātē konkrētajā brīdī nav pieejamas.

Virtuālajā vidē vari kļūt par ko vien vēlies un mainīt savus ģenētiskos parametrus. Pētnieki ir pierādījuši interneta psihoaktīvo un negatīvo ietekmi uz cilvēku. Varam nodalīt dažādus interneta atkarību veidus – socializēšanās tieksme, kiberseksuālā atkarība, bezjēdzīga tīkla (web) lapu apmeklēšana, uzmācīga vajadzība izmantot internetu, un atkarība no datorspēlēm.

Agresiju internetā raksturo šādi termini kā *fleims, trollings, flūd(s)* un *spams*.

Internetā ir iespējams atrast savu ideālo partneri, bet ne vienmēr var pateikt, ka viņš īsts, nevis izdomāts.

56

Annotation

The theme choice for my bachelor paper is connected with present day topical problems. It is impossible to imagine life without the Internet in the Information and Consumer Age. Originally, the Internet was invented for military needs but nowadays it is used not only for work or studies but also as means of virtual communication. People tend to become addicted to innovations; moreover the Internet affects our interpersonal relationships, employment, health and finances.   Computers and the Internet are relatively new phenomena, thus most of our parents and grandparents are not confident with how to use them, meanwhile the number of children and young people using the Internet is increasing rapidly. Therefore within my research I am going to focus attention particularly on children and youths.

The aim of this research is to understand why people want to conceal their true identity and find out how this is achieved within virtual reality.

To attain this aim, first of all, I have decided to use my personal experience in virtual communication, not only to consider the opinions of experts and psychologists, so that I could come to my own conclusions on the subject matter. As part of my research, since the 6th of September 2009 I have signed up for several Latvian social networks (www.kisa.lv; www.oho.lv; www.boomtime.lv; www.faces.eu; www.super.lv).

Secondly, I created an anonymous questionnaire in relation to my research. In March 2009 randomly selected people who use these social networks (mentioned above) answered 10 questions about virtual communication (see appendix for the questionnaire). I have received answers from 63 respondents. I will not summarize data in a table as sociologists usually do; I will however use these answers to substantiate my point of view and to show the differences in opinions. I have allocated numbers to the completed forms, (from 1 to 63) as these questions were answered anonymously; all the references made will be in allocation to the number of a form recieved from a particular respondent and by indicating the nickname provided by the respondent.

Thirdly, I feel that the anonymous conversation, with a supporter of IRC (Internet Relay Chat) who has been using it for already four years, is essential to substantiate my own opinion about virtual communication.

I have chosen various types of resources such as theoretical background: dictionaries, books featuring virtual reality and virtual identity research, and also articles from newspapers, magazines and internet websites.

While describing the work on this research project, I would like to emphasize that the lack of literature in Latvian about this theme has made my work significantly more difficult, to some extent. Another hardship has arisen from the fact that there is a vast amount of literature (more than is possible to process within a short time frame) that concerns technical and technological aspects which is intended for a reader with a diverse background in technical knowledge.

There is no general research about virtual communication in Latvia; however, there are certain articles and publications that point out particular problems, e.g. aggression in the Internet, Internet-addiction or the activity of paedophiles in virtual reality. On the contrary, many of articles regarding virtual reality, cybersex, the problems with identity and other topical issues are available in English. Every article leads to another one and in honesty this factor has caused increasing difficulties. Reading books is a very time consuming process, in particular most of the books are quite monotonous. This has made it particularly challenging to locate specific sources and mark out innovations in works of various researchers.

I have specifically focused on the works of psychologists David Greenfield and Kimberly Young as they have examined different aspects of virtual communication thoroughly.

The way I have structured my research allows me to cover a wide range of problems about virtual relationships amongst individuals, excluding virtual games and studying simulations in the Internet. First of all, it is essential to understand the differences between virtual reality and the actual reality and only then is it possible to analyse virtual communication.

The research is divided into several sections:

1. In section 1 the concept of virtual reality' is discussed;
2. Section 2 is devoted to problems in virtual communication;
3. Section 3 provides the explanation of the concept *identity* and describes different types of it. In the conclusion, there are descriptive methods of the way concealing identity in virtual reality is achieved and the reasons why it is necessary to do so.

Izmantoto avotu un literatūras saraksts

1. Bards, Aleksandrs; Jāns Sēderkvists. *Netokrātija*. Rīga: Jumava, 2005.

2. Bela, Baiba. Dzīve globālā pasaulē. Kristiana Lībane – Šķēle (sast.) *Sarunas VIII.* Rīga: Jaunā akadēmija, 2007, 37. - 44. lpp.

3. Bendiks, Mārcis. Kas ir latviskā identitāte? Helēna Demakova (sast.) *Sarunas.* Rīga: Jaunā akadēmija, 2000, 36. - 51. lpp.

4. Bodrijārs, Žans. *Simulakri un simulācija.* Rīga: Omnia mea, 2000.

5. Castells, Mankel. *The Power of Identity: second edition.* Malden: Blackwell Publishing, 2004.

6. Cocking, Dean. Plural Selves and Relational Identity: Intimacy and Privacy Online. Jeroen Van den Hoven and John Weckert (Ed.) *Information Technology and Moral Philosophy.* New York: Cambridge University Press, 2008, p. 123. – 141.

7. Davis, Joseph E. *Identity and Social Change.* New Brunswick: Transaction Publishers, 2000.

8. Dreijere, Vita. Agresija internetā: publiskā apspļaudīšana. *Diena.* 2008. 28. februāris, 4. lpp.

9. Dreijere, Vita. Lai izbeigtu apspļaudīšanu internetā, jālāpa arī caurumi likumdošanā. *Diena.* 2008. 13. marts, 10. lpp.

10. Džonsa, Tamāra. Dzīve un nāve internetā. *Sestdiena.* 2008. 19. – 25. janvāris, 28. lpp.

11. Feather, John. *The Information Society: A study of continuity and change. Fifth edition.* London: Facet Publishing, 2008.

12. Garančs, Jānis. Radošie projekti, izmantojot virtuālo realitāti un internetu. Helēna Demakova (sast.) *Sarunas V.* Rīga: Jaunā akadēmija, 2004, 268. - 278. lpp.

13. Holloway, Sarah L.; Gill Valentine. *Cyberkids: Children in the Information Age.* London: Routledge Falmer, 2003.

14.Karnītis, Edvīns. *Informācijas sabiedrība – Latvijas iespējas un uzdrošināšanās*. Rīga: Pētergailis, 2004.

15.Koroļeva, Ilze; Ritma Rungule; Sigita Sniķere; Mārcis Trapencieris. *Jauno tehnoloģiju atkarības izplatība jauniešu vidū Rīgā: pētījuma rezultāti*. Rīga: Rīgas Narkomānijas profilakses centrs, 2004.

16.Lambert, Steve; Walt Howe. *Internet Basics: your Online Access to the Global Electronics Superhighway*. New York: Random House, 1993.

17.Matthews, Steve. Identity and Information Technology. Jeroen Van den Hoven and John Weckert (Ed.) *Information Technology and Moral Philosophy*. New York: Cambridge University Press, 2008, p.142. – 160.

18.Nakamura, Lisa. *Cybertypes: Race, Ethnicity and Identity on the Internet*. New York: RoutLedge, 2002.

19.Padodies! Tava slēptuve tīmeklī ir atklāta! *Sakaru Pasaule*. Nr.1, 2008, 54. – 55. lpp.

20.Parekh, Bhikhu. *A New Politics of Identity: Political Principles for an interdependent World*. New York: Palgrave Macmillan, 2008.

21.Platons. *Valsts*. Rīga: Zvaigzne ABC, 2001.

22.Rajevska, Jevgenija. Atkarības fenomens. *Psiholoģija Ģimenei un Skolai*. Nr. 36, 2009,14. -19. lpp.

23.Renģe, Viesturs. *Sociālā psiholoģija*. Rīga: Zvaigzne ABC, 2002.

24.Rungule, Ritma; Ilze Koroļeva; Sigita Sniķere. Jauniešu iekļaušanās analīze identitātes un līdzdalības diskursu kontekstā. Leo Dribins (sast.) *Sabiedrības integrācijas tendences un prettendences. Latvijas un Igaunijas pieredze. Etnisko attiecību aspekts: Rakstu krājums*. Rīga: Latvijas Universitāte, 2008, 37. – 53. lpp.

25.Rungule, Ritma (zin.red.) *Jauniešu identitātes veidošanās un līdzdalība: pētījuma pārskats 2005*. Rīga: Latvijas Universitātes Filozofijas un socioloģijas institūts, 2005.

26. Sherman, William R.; Alan B.Craig. *Understanding Virtual Reality: Interface, Application, and Design.* San Francisco, CA: Morgan Kaufmann Publishers, 2003.

27. Sporāne, Baiba. *Informācijas sabiedrības teorijas aspekti : materiāli studijām.* Rīga: Latvijas Universitāte, 2002.

28. Staņislavs, Lems. *Summa technologiae.* Rīga: Zinātne, 1987.

29. *Svešvārdu vārdnīca.* Jura Baldunčika redakcijā. Rīga: Jumava, 1999.

30. Šmits, Raitis; Šmita Rasa. Elektroniskie mediji. Helēna Demakova (sast.) *Sarunas.* Rīga: Jaunā akadēmija, 2000, 191. - 198. lpp.

31. Šūlmane Ilze; Sergejs Kruks. Neiecietības izpausmes un iecietības veicināšana Latvijā: laikrakstu publikāciju analīze. Rīga: īpašu uzdevumu ministra sabiedrības integrācijas lietās sekretariāts, 2006.

32. Uzulāns, Juris. Dators un spēle.Virtuālā realitāte. *Datortehnika.* Nr.3, 1996, 10. - 14. lpp.

33. Vilks, Andrejs. *Deviantoloģija: mācība par uzvedības sociālajām novirzēm.* Rīga: Tiesu namu aģentūra, 2001.

34. Zubovs, Andrejs. Eiropas identitātes garīguma, civilizācijas un kultūras pamati. Kristiana Lībane – Šķēle (sast.) *Sarunas VII.* Rīga: Jaunā akadēmija, 2006, 104. – 121. lpp.

35. Wellman, Barry; Caroline Haythornthwaite. *The Internet in Everyday Life.* Malden: Blackwell, 2002.

36. Каптерев, Андрей Игоревич. *Информатизация социокультурного пространства.* Москва: Фаир-пресс, 2004.

37. Шапиро, Давид Исаакович. *Человек и виртуальный мир: Когнитив., креатив. и прикладные проблемы.* М.: Эдиториал УРСС, 1999.

Raksti un apcerējumi internetā

1. ABC News Chat with Dr. Dave Greenfield. [Skatīts 2009, 28. apr.] Pieejams: http://www.virtual-addiction.com/a_abcnews_chat.htm

2. Eirovīzija šogad izmaksāšot 42 miljonus ASV dolāru. [Skatīts 2009, 6. maijā] Pieejams:http://www.tvnet.lv/izklaide/fun/news/article.php?id=539511

3. Greenfield, Dave. Cybersex: Crossing the Line On-line. [Skatīts 2009, 29. apr.] Pieejams: http://www.virtual-addiction.com/a_cybersex.htmĻebedeva, Laura.

4. Greenfield, Dave. Digital Dating: The Malt Shop of the Millennium. [Skatīts 2009, 28. apr.] Pieejams: http://www.virtual-addiction.com/a_digitaldating.htm

5. Greenfield, Dave N. Virtual Addiction: Sometimes New Technology Can Create New Problems. [Skatīts 2009, 28. apr.] Pieejams: http://www.virtual-addiction.com/pdf/nature_internet_addiction.pdf

6. Harmon, Amy. Researchers Find Sad, Lonely World in Cyberspace. [Skatīts 2009, 29. apr.] Pieejams: http://www.nytimes.com/library/tech/98/08/biztech/articles/30depression.html

7. Jacky, Atkarība no interneta — slimība vai jauns līmenis civilizācijas attīstībā? [Skatīts 2009, 5. maijā] Pieejams: http://www.apollo.lv/portal/news/1667/articles/90197

8. Ko nozīmē emocionāla pazemošana internetā, jeb kiberterorizēšana? [Skatīts 2009, 25. martā] Pieejams: http://www.drossinternets.lv/pub/index.php?id=184

9. Krasnā, Lelde. Niks – otrs Es? [Skatīts 2009, 29. apr.] Pieejams: http://www.dialogi.lv/article.php?id=427&t=0&rub=9

10.Ķīnā atkarību no interneta pasludinās par slimību. [Skatīts 2009, 5.maijā] Pieejams: http://www.narcomania.lv/pub/index.php?lid=381&id=93

11.Lapiņa, Kristiāna. Atvainojiet, jūsu pasaule šodien ir slēgta. [Skatīts 2009, 29. apr.] Pieejams: http://www.psihologijaspasaule.lv/raksti.php?id=283&show=803&act=read

12.Ļebedeva, Laura. Atkarība no interneta.[Skatīts 2009, 25. martā] Pieejams: http://www.drossinternets.lv/pub/index.php?id=99

13.Naidīgos interneta komentāros konstatēti klaji aicinājumi uz vardarbību. [Skatīts 2009, 28. apr.] Pieejams:http://www.tvnet.lv/zinas/latvija/article.php?id=273503

14.Pelcmane, Sarmīte; Andrejs Rjabcevs. Virtuālā realitāte. Bēgšana no reālās pasaules vai izglītošanās? [Skatīts 2009, 29. apr.] Pieejams: http://www.kurzemes-vards.lv/?doc=20634

15.Purēna, Dace. Ievas identitāte – prom vai uz Ēdenes dārzu. [Skatīts 2009, 5. maijā] Pieejams: http://www.psihologijaspasaule.lv/raksti.php?id=376&show=902&act=read

16.Skinhedi piekauj bērnus. [Skatīts 2009, 29. apr.] Pieejams: http://www.tvnet.lv/onlinetv/lnt/degpunkta/comments.php?oid=291832&tab=news

17.Suggestions to Help you Manage Internet Use: Ten Steps to Reclaim Real-Time Living. [Skatīts 2009, 28. apr.] Pieejams: http://www.virtual-addiction.com/a_10steps.htm

18.Šterns, Jānis. Internet-atkarības problēma Latvijā. [Skatīts 2009, 5. maijā] Pieejams: http://www.delfi.lv/archive/article.php?id=4768420

19.Tiesību akti. Krimināllikums. [Skatīts 2009, 28. apr.] Pieejams: http://www.likumi.lv/doc.php?id=88966&mode=DOC

20.Vērtēšanas stils. [Skatīts 2009, 6. maijs] Pieejams:http://www.face.lv/styles.php

21.Young, Kimberly; John Suler. Interventions for pathological and deviant behavior within an online community. [Skatīts 2009, 29. apr.] Pieejams: http://www.netaddiction.com/articles/interventions.pdf

22.Young, Kimberly. Surfing Not Studying - Dealing with Student Internet Addiction on Campus. [Skatīts 2009, 29. apr.] Pieejams: http://www.netaddiction.com/articles/surfing_not_studying.pdf

23.Young, Kimberly. Virtual Sex Offenders: Profiling Cybersex Addiction and True Online Pedophilia. [Skatīts 2009, 29. apr.] Pieejams: http://www.netaddiction.com/articles/eia_pedophilia_profile.pdf

24.Zasempa, Tadeušs. Brīvība un atkarība internetā. [Skatīts 2009, 5.maijā] Pieejams: http://www.lv.lv/index.php?menu=doc&sub=697&id=178549

25.Ziņo par pārkāpumiem internetā! [Skatīts 2009, 19.martā] Pieejams: http://netsafe.lv/pub/report.php?id=2&lang=lat

26.Виртуальное питьё: невидимые напитки упираются, направляясь в рот. [Skatīts 2009, 29. apr.] Pieejams: http://www.membrana.ru/articles/inventions/2005/05/04/205500.html

* izmantotie interneta avoti

www.foto-chat.lv

www.oho.lv

www.kisa.lv

www.super.lv

www.faces.eu

www.boomtime.lv

Anketas glabājas V.Taubes personiskajā arhīvā.

1. jazygirl, 2. anketa. 2009. gada 15. martā.

2. Rududuuu, 3. anketa. 2009. gada 15. martā.

3. Leopardsbmw, 5. anketa. 2009. gada 15. martā.

4. Sexiga, 8. anketa. 2009. gada 15. martā.

5. Gnom112, 10. anketa. 2009. gada 16. martā.

6. DOB, 11. anketa. 2009. gada 16.martā.

7. Kriksis, 14. anketa. 2009. gada 16.martā.

8. Henky, 22. anketa. 2009. gada 16.martā.

9. GAZ24, 24. anketa. 2009. gada 18.martā.

10.lazy, 25.anketa. 2009. gada 18. martā.

11.Princesite :), 27. anketa. 2009. gada 18. martā.

12.Scarlet, 28. anketa. 2009. gada 18. martā.

13.chukste, 30. anketa. 2009. gada 18. martā.

14.agave, 32. anketa. 2009. gada 20. martā.

15.Espina, 36. anketa. 2009. gada 20. martā.

16.Lazy, 38. anketa. 2009. gada 20. martā.

17.utiņš, 41. anketa. 2009. gada 20. martā.

18.madzandra, 42. anketa. 2009. gada 20. martā.

19.Traksaule, 50. anketa. 2009. gada 20. martā.

20.kriksiite, 59. anketa. 2009. gada 20. martā.

21.Lola86, 63. anketa. 2009. gada 25. martā.

Intervija

Saruna ar *uldiņu*, 2009. 29. apr. Sarunas pieraksts glabājas V. Taubes personiskajā arhīvā.

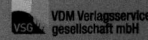